古典文獻研究輯刊

二九編

潘美月・杜潔祥 主編

第 17 冊

平定西藏紀略
（清廷統一西藏史料輯錄二）（下）

蔡 宗 虎 輯註

國家圖書館出版品預行編目資料

平定西藏紀略（清廷統一西藏史料輯錄二）（下）／蔡宗虎
輯註 ── 初版 ── 新北市：花木蘭文化事業有限公司，2019〔
民 108〕
目 34+134 面；19×26 公分
（古典文獻研究輯刊 二九編：第 17 冊）
ISBN 978-986-485-956-6（精裝）
1. 史料 2. 清代 3. 西藏自治區
011.08   108012004

ISBN-978-986-485-956-6

9 789864 859566

古典文獻研究輯刊
二九編　第十七冊　　　　　ISBN：978-986-485-956-6

平定西藏紀略
（清廷統一西藏史料輯錄二）（下）

輯 註 者　蔡宗虎
主　　編　潘美月　杜潔祥
總 編 輯　杜潔祥
副總編輯　楊嘉樂
編　　輯　許郁翎、王筑、張雅淋　美術編輯　陳逸婷
出　　版　花木蘭文化事業有限公司
發 行 人　高小娟
聯絡地址　235 新北市中和區中安街七二號十三樓
　　　　　電話：02-2923-1455／傳真：02-2923-1452
網　　址　http://www.huamulan.tw 信箱 hml810518@gmail.com
印　　刷　普羅文化出版廣告事業
初　　版　2019 年 9 月
全書字數　390635 字
定　　價　二九編 29 冊（精裝）　新台幣 58,000 元　版權所有・請勿翻印

平定西藏紀略
（清廷統一西藏史料輯錄二）（下）

蔡宗虎　輯註

目

次

中　冊

下　冊

[325] 吏部尚書富寧安奏聞挑選軍馬征討策妄喇布坦摺（康熙五十八年六月二十四日）[1]-3421

奴才富寧安謹密奏，為請主子訓誨事。

今年征伐之處本應議而有備，奴才因慮之不周未議征伐之處，奴才認罪另奏外，奴才詳思李慶安往若成功，伊之內訌不可料定，果真內訌既為良機，或明年大舉進攻，或今冬挑選兵馬進攻之處請主子訓誨，若主子訓誨，倘有時機，冬季即行，冬季行動既與夏季行動不可比，奴才若有時機，利於冬季行，挑選兵馬進攻，必勝之處，同眾大臣盡行商議，緊急奏聞可也，為此謹密奏，祈主子訓誨。

硃批，是。

[326] 吏部尚書富寧安奏為道士李慶安覲見皇上摺（康熙五十八年六月二十四日）[1]-3422

奴才富寧安謹密奏，為請旨事。

據李慶安往時稟告奴才，我去必勝，俟歸來我覲見皇上等語。李慶安到來時或請旨准往，或當即准往之處請旨，為此謹密奏，祈請主子訓示。

硃批，一面繕明，急速奏聞，李慶安前來之處稍候旨。

[327] 兩廣總督楊琳奏為應解甘肅軍前銀兩已有著落摺（康熙五十八年六月二十四日）[2]-2797

奏，兩廣總督奴才楊琳為回奏事。

本年二月二十五日奉皇上批回奴才摺奏，廣東從前捐穀並非盡屬折價，即有陸續虧缺，已嚴飭經收官買補，現俱實貯，惟每石原有公費銀五錢，內除奴才名下四萬兩及公用餘剩銀三萬二千兩俱存司庫，先經奏明修造砲臺城座營房，製造砲位火藥等項，共動用銀四萬二千餘兩，尚存剩銀三萬兩，現另摺彙解甘肅軍需外，所有現署湖廣總督滿丕得過銀五萬兩，現任山東布政使王用霖得過銀二萬一千兩，原任總督趙弘燦得過銀五萬四千兩，現有伊子趙之垣，此三人名下共銀十二萬五千兩，應令各人解赴甘肅巡撫以俗供應差使之用，至修築圍基堤岸及補清從前庫項，原屬地方公用，其餘人多零星，亦有事故不一，難以照追，叩懇皇上寬大洪恩，概與寬免，謹善摺請旨，可否照依奴才所奏知會滿丕王用霖及趙弘燦之子趙之垣將各名下所得共該銀一十二萬五千兩各人解赴甘肅撫臣綽奇以作供應差使之用，奴才復知會甘肅撫臣，於收到之日具摺奏報，洪恩出自聖裁等因具摺請旨，奉皇上御批，事情該當如此，但銀數太多，以摺奏報，恐後來無處着落，欽此。奴才跪誦御批，仰見聖恩寬大，亙古未有，查修築砲臺存剩銀三萬兩，奴才彙同鹽內羨餘銀七萬兩，共銀十萬兩，先具摺奏明，於本年正月二十日差解甘肅撫臣軍前，隨於二月二十九日具疏題報在案，奴才復遣人分路知會滿丕王用霖及趙弘燦之子趙之垣，各將名下得過銀兩立速解赴甘肅軍前，一面各行奏報去後，今據山東布政使王用霖回稱從前得過公費銀二萬一千兩，於本年四月差家人夏珣起解甘肅巡撫軍前投交詳明，山東撫臣代題訖，又據原任總督趙弘燦之子原任刑部郎中趙之垣回稱，伊父名下得過銀五萬四千兩於五月內親往熱河啓奏辦解，惟湖廣總督滿丕現在沅州地方料理杭州江寧大兵赴滇，奴才遣人知會，正值滿丕軍務無暇，俟料理大兵事畢，自當起解，是前項銀兩俱有着落，各人自行奏報解到之日應聽甘肅撫臣撥作軍前差使用度，彙疏報銷，奴才毋庸重復具題，所有銀兩俱有着落緣由，理合具摺回奏。

康熙伍拾捌年陸月貳拾肆日奴才楊琳。

硃批，知道了。

[328] 山西巡撫蘇克濟請安摺（康熙五十八年六月二十七日）[1]-3423

山西巡撫奴才蘇克濟謹奏，奴才望闕跪請聖主安，爲此謹奏。

奴才蘇克濟親書。

硃批，朕體安，面色甚好，今年糧已收竣，心情甚舒暢，天氣仍熱，將朕題字扇一把，三阿哥〔註817〕、四阿哥〔註818〕題字各一把賞送之，勿奏謝恩本。

[329] 雲南巡撫甘國璧奏陳願將每年所得舊規餘銀上佐軍需摺（康熙五十八年七月初六日）[2]-2805

雲南巡撫奴才甘國璧謹奏，爲奏明事。

竊照奴才以至愚極拙之人，仰蒙聖恩垂念，先臣由難廕授職知州，歷陞同知府道，甫任按察司十月，布政司三月即超擢雲南巡撫，是皆皇上教忠教孝，鼓舞臣下之至意也，奴才敢不竭盡駑駘，以期仰報主恩於萬一，伏查滇府衙門歷來舊有糧規銀四千兩，鹽羨銀一萬八千兩，以爲養廉之資，奴才初到任時查得各屬倉穀因五十二三年歉收發賑，不無懸數，又鹽課亦多墮誤積

〔註817〕清聖祖第三子胤祉。
〔註818〕清聖祖第四子胤禛，即清世宗。

欠之處，奴才隨將節禮革除，調劑井灶，禁戢私鹽，督令各官將懸數積欠陸續填補，現供清完。至奴才身受天恩，至高至厚，所有每年應得舊規除歷年捐補標兵衣甲器械，常操犒賞並捐建各屬義學育嬰堂及捐助軍需馬匹米石等項外，又奴才烏烏私情，適因滇民之請爲先臣蓋造祠堂一所，奴才二子亦各得一職，是奴才祖孫父子生貴死榮悉係皇上生成造就，而奴才自歷各任從不敢妄取，今任巡撫，家口衆多，一切食用皆取給於前項銀兩之內，但每年撙節用度，共得存剩銀三萬兩，伏念奴才自頂至踵，俱是聖主深恩所被，豈敢稍有私蓄，且現今軍興之際，凡爲臣子者所有家財尚宜進助，何況公項羨餘，益當上佐軍需之毫末矣，伏乞皇上俯鑒蟻忱，恩准批示解進，奴才不勝待命之至，謹奏。

康熙五十八年七月初六日。

硃批，就近本身用罷。

[330] 協辦固原提督事務馬見伯奏請聖安並進掛麵摺（康熙五十八年七月十三日）[2]-2808

協辦陝西固原提督事務奴才馬見伯謹奏，爲恭請聖安事。

竊奴才於貳月初叁日叩過聖顏以來，業已陸月，而犬馬下情，又不能自己，遙想聖躬乾健，每年於白露後行圍，謹此繕摺敬差家人趙文選齎捧恭請聖安，虔進掛麵捌箱，伏乞聖主恩准賞收，以伸奴才微忱，爲此謹奏以聞。

康熙伍拾捌年柒月拾叁日。

硃批，朕安，今年甚好。

[331] 山東巡撫李樹德奏爲急公捐助西陲軍需事摺（康熙五十八年八月二十八日）[2]-2817

奏，山東巡撫奴才李樹德奏爲急公捐助軍需以少盡犬馬微忱事。

竊奴才自祖父以來世受國恩，至深至重，奴才一介旗員，蒙主子特放登州總兵官，不二年又蒙擢授山東巡撫，自顧微賤末流，才識庸劣，不知何脩，屢膺皇上格外殊恩，感激涕零，圖報無地，今西陲用兵，現在購買駱駝騾馬並製俻出兵人等衣甲口糧，支應草豆等項，值軍需浩繁之際，正臣子報効之時，奴才自任巡撫以來將及三載，所收知府以上向來規禮除養贍妻子家口以及量濟親族外，逐漸節省，尚有贏餘銀叁萬兩，伏思奴才闔家大小數百口，一飲一啄皆係主子天恩所賜，茲當出師掃逆，奴才因身任封疆，不能披堅執銳，親歷行間，而坐享安逸，毫無急公出力之處，撫心自問，寢食難安，今情願將贏餘銀叁萬兩捐助軍需，雖爲數無多，或稍充兵馬之口糧草豆，或少備輓運之驟馬，即如奴才本身負重行遠，以効犬馬微勞，此不但奴才感恩深重，情不容已，亦臣子之分所當然也，懇祈主子垂憐奴才報効之誠，出自肺腑，破格俞允，特賜恩收，其捐助銀兩現已備齊，或解赴陝省，或解交戶部，恭候主子明示，即便交納，爲此冒昧具摺謹奏，伏乞主子恩准施行。

康熙伍拾捌年捌月貳拾捌日。

硃筆圈，交戶部。

[332] 固原提督馬見伯奏陳營務摺（康熙五十八年九月初九日）[2]-2818

提督陝西固原等處地方總兵官署都督僉事奴才馬見伯謹奏，爲恭請聖安事。

竊奴才遠在固原，接閱邸抄〔註819〕，恭閱聖駕今年於捌月初拾日方出哨行圍，奴才日夜思維，難得確信，今值聖駕回鑾，奴才又不獲如前跪迎道傍，瞻仰聖顏，叩請聖安，犬馬下情，心神不寧，茲特敬繕奏摺，差長隨楊豹齎捧恭請聖安，爲此謹奏以聞。

康熙伍拾捌年玖月玖日。

硃批，朕安，今年雨水頗多，故遲了十餘天。

[333] 固原提督馬見伯奏陳營務摺（康熙五十八年九月初九日）[2]-2819

提督陝西固原等處地方總兵官署都督僉事奴才馬見伯謹奏，爲奏聞事。

據各營回報地方無事，有總督鄂海於捌月貳拾貳日又差平涼府知府蔣兆龍由固原至靖遠衛一帶散賑饑民，鄂海知會奴才亦委各汛營員協同散賑去訖，有奴才家人糧將軍潘育龍原留壹百陸拾分，奴才叨受聖恩甚重，不能報荅，止存一百分養贍家口，其餘陸拾分奴才陸續招募人材壯健，弓馬嫻熟之人入伍差操，至於各營節禮空糧，奴才於柒月貳拾日奉旨之後行查，營分大小不一，有壹年饋送自拾兩以至叁百玖拾兩不等，共銀四千五百餘兩，因道路遠近不同，糧有馬步不一，又有千把與將備所送禮節，空糧尚未報明，俟查完之日再奏。再有將軍潘玉龍捐助馬匹弓箭鳥槍摺內，伏乞敕下奴才收存，奉旨這所助軍器馬匹着交與奴才，遇有用處動用，奴才仰賴聖主洪福，地方寧謐，各營兵丁馬匹器械俱各自備，並無用處，今奴才具啟請大將軍王軍前調用，其馬匹係捐助之馬，未動正項銀兩，仍在伊家餵養，合併奏聞。

康熙伍拾捌年玖月初玖日。

硃批，此馬亦該交完纔是，在伊家餵養日多不便。

[334] 四川總督年羹堯奏爲西海貝子丹仲〔註820〕遣人謝恩事摺（康熙五十八年十一月二十二日）[2]-2832

奏，四川總督加三級紀錄三次臣年羹堯爲奏明西海貝子遣人叩謝天恩，仰祈睿鑒事。

欽惟我聖主德被殊方，遠邁前古，著有微勞，輒邀曠典，如貝子丹仲自幼封公，上年運米接濟進藏大兵，幫助牲口，遣人引路，經臣摺奏即蒙聖主宏慈，優封貝子，西海部落非特傳爲美談，亦且共知激勵，今貝子丹仲遣其扎爾呼氣名初陽者於十一月二十日來至成都，據稱丹仲感激聖恩深入肺腑，本欲親自進京恭謝，因未曾出痘，又現在預備兵馬，俟來年事平，即來陛見，虔謝天恩，先遣初陽齎捧表文貢物，代爲進京叩謝，據其情詞懇切，未便攔阻，臣謹遣家人雇騾伴送進京，咨投理藩院查明具奏外，理合奏明，伏祈聖主睿鑒施行。

康熙五十八年十一月二十二日具。

[335] 古北口總兵官保住奏請口外米車入口內糶賣摺（康熙五十八年十二月十三日）[1]-3478

鎮守直隸古北口總兵官功加都督僉事奴才覺羅保住〔註821〕謹奏，爲請旨事。

竊照奴才前以正值營建密雲城之際，有圖利之人時常自口外運米至內地，致使本地米價漸漲，奏請祇准在口賣米，不得越過南天門，奉旨准行，欽遵在案。今看得口外連續數年有收，積貯頗多，米價甚賤，口內石縣、密雲等地人多田少，今多米價較之口外甚貴，奴才懇請嗣後解除禁運，准至各地糶賣，來年春耕視口外米價漲，奴才再奏請禁止，如此則口外居民將餘米變賣，以得所用，且口內兵民得此米以接濟，價亦不貴，是否可行，伏乞聖主裁斷，爲此謹奏請旨

鎮守直隸古北口總兵官功加都督僉事奴才覺羅保住。

硃批，這奏的是，依議。

〔註820〕原文作仲丹，今改正爲丹仲。
〔註821〕《欽定八旗通志》頁八三四九作覺羅保住，正紅旗人，康熙五十四年二月任直隸古北口總兵。

[336] 康熙帝諭西征軍大臣同心協力取招地事（康熙五十八年十二月二十三日）[1]-3479

康熙帝五十八年十二月二十三日爲三路大軍進伐和議之事，議政大臣等面君具奏，由三路軍前來之大臣等奉敕諭，爾等俱年少，不懂事，我國滿洲軍世代蒙恩，猶如赤子養育兵，且原滿洲人秉性，於鏖戰時英勇堅強，無庸議，惟享康平安逸生活成習，不能忍受勞苦，督管者稍加驅遣，即生抱怨，肆意議論，威脅人之事，此俱督軍之將軍大臣等懈怠所致，率行將軍大臣等從嚴教訓，艱苦操練即習慣也，圖安逸又如何能討敵，自太祖太宗皇帝以來，我國軍法，何大臣、下人不以軍法從事，若不遵法可乎。今若有違法之人，朕即正法而已，斷不寬恕，我大臣等於軍營各處，抵達戰場，會合後捨命勇戰，朕可保必將敵剿滅，惟武大臣等相互不睦者多，此一意彼一語，彼此各存私念相爭，各家自守，他隊功成與否，與我何涉，敗事者俱因此，赴雲南軍營之都統何里，與副都統鄂米達〔註822〕等彼此爭鬥，都統吳格，副都統永泰彼此爭鬥等事，並不光彩，不念主子軍務大事而棄之，不明事理，惟爭鬥，因此事如何能成，此等事俟軍務平定後，必查明斬決而已，軍罪又可寬容乎。朕自幼經辦吳三桂、噶爾丹等軍務大事多，因汛地大臣等彼此不睦敗事者甚多，況內大臣阿米達〔註823〕稟告烏蘭布通軍中內大臣明珠、索額圖〔註824〕，我等惟固守軍隊歸來而已，主子因我等不進不追，斷然不殺等情，朕聞之，將阿米達朕一世不准抬頭者在此也，如今舉國所有大臣等俱參劾侍衛色楞，朕斷然不准，色楞進伐日期，額倫特耽擱日月俱明白在案，以後（日）議敘軍功罪時自有明白之日，倘二軍和睦進伐，功能成了，亦因彼此不睦爭鬥而致事敗，軍務者可耽擱一月乎，軍馬廩餼如何爲之，再某些大臣惟各自固守，乃爲在兵士中獲取好聲名也，後日遲誤軍機之罪，不治罪乎，其好聲名與斬伊相等乎。率行大軍之將軍斷不可懈怠法律，堅不動搖，諸事黽勉行之，喫苦耐勞，凡事務先達心，大小事同心協力，生死與共，功成則爲衆功，効力國家大事，以報効主子恩惠爲要，拋棄爾隊我隊相互推諉之私心，共爲一體一心而行，何事不成。首要者在法，再則著軍人除自穿衣服武器外，捨棄被褥無用累贅之物，輕騎簡從而行方善，重負何能遠征，此等事俱在率行將軍

〔註822〕 《欽定八旗通志》卷三百二十四作蒙古鑲紅旗副都統鄂密達。
〔註823〕 《欽定八旗通志》卷三百十七康熙二十九年領侍衛內大臣年表載名阿密達。
〔註824〕 《欽定八旗通志》卷三百十七康熙二十九年領侍衛內大臣年表載名索額圖。

也，況朕親於中路軍每日按時食飯，往返未損一馬畜，完整歸來，眾所周知，惟謹養馬畜，抵達敵處，此次依靠兵力，爾等必能成功，惟勤勉。

車凌敦多布等因我等軍威必敗逃，敗逃亦善，敗逃則爲我軍戰敗，復聲威大也，取招地後我此多兵何爲，赴軍中之大臣等詳議，按鎮守留足兵力，餘兵或遣派西寧路，或命雲南四川路撤退之處，爾等多加詳謀撤退爲好。再將青海之軍，以朕意會同大軍前我蒙古軍効力，敵弱即擊敗，力強則彙集我大兵力剿殺，如此則益於事。再額駙阿保領兵，於隊尾殿後，以防賊寇，抵達戰場後，務於青海一處編前隊爲妥，倘青海之蒙古軍將敵殺敗取招地，如成功，即功也，以此我將軍大臣等將滿洲兵按兵不動，以蒙古人等功成，我軍徒在乎。若存此意，即爲過也，功成乃全體功也，即青海兵前進効力，功成取招，伊等倘以土伯特部教俱我祖輩固始汗所建，地方俱屬我者，仰賴聖主大軍宏威，獲取地方，主子自遠方前來之軍，爲何辛勞駐紮守招，我軍理應鎮守，僅我軍鎮守可也，伊等欲鎮守，則也妥，以此我大臣等著軍士略少駐守而已，如今朕已下此諭，後日以朕未諭而翻悔則斷然不可，朕於眾前頒諭也，若我大軍抵達取招，此非平常之功，功大也，欽此。

[337] 河南巡撫楊宗義請節省羨餘以助軍餉摺（康熙五十九年正月二十一日）[2]-2843

河南巡撫奴才楊宗義謹具摺奏。

奴才前因西地用兵，欲將所有平頭銀壹萬兩交與陝西督臣各緣由具摺奏請，未蒙批示，此項原係藩庫平規，除前次捐馬壹萬兩之外，逐漸節省之羨餘，但奴才受恩深重，不能親歷行間，心實難安，是以願將前項羨餘解湊軍需，稍盡一點報効之忱，今應否即就近解赴陝西督臣，添僱運費或解交戶部撥用，伏乞主子批示遵行，謹奏。

康熙伍拾玖年正月貳拾壹日。

硃批，是。

[338] 山東巡撫李樹德奏爲東省職官急功捐助駝價事摺（康熙五十九年正月二十六日）[2]-2844

奏，山東巡撫奴才李樹德謹奏，爲急公捐助駝價以少伸犬馬微忱事。

竊奴才世受國恩，身叨重任，叓蒙大恩賞賚，格外優榮，雖捐糜頂踵，亦難仰報高厚於萬一，即東省之大小臣工皆邀聖主豢養，得以顧贍身家，則是奴才等一飲一啄無非主子隆恩之所賜也，茲值西陲有事，我皇上宸籌周詳，勤勞宵旰，而奴才等既不能躬擐甲冑，効力行間，又不少助涓埃以佐軍務，迄衷自問，寢食難安，伏思今歲輓運軍糧，自必多用駝隻，奴才等情願各捐出駝價以俻購買之用，今奴才願捐銀一萬二千兩，提督學政禮科給事中陳沂震願捐二千四百兩，布政使王用霖願捐銀六千兩，按察使黃炳、督糧道佟世祿、濟東道程光珠、登萊青道程之煒、濟寧道宋基業、鹽法道羅鉁各願捐銀二千兩，濟南府知府張振偉、兗州府知府金一鳳各願捐銀一千五百兩，東昌府知府楊文乾願捐銀一千二百兩，青州府知府陶錦、萊州府知府耿紘祚各願捐銀一千兩，登州府知府李元龍願捐銀八百兩，鹽運分司張先願捐銀六百兩，共捐銀四萬兩之數，此皆蒙主子洪恩所得者，奴才等感恩之念，各具真誠急公之心，出自肺腑，現今銀兩俱已俻齊，伏乞主子俯念區區犬馬微忱，恩賜允收，或解交戶部，或解赴軍前，恭候御批以便欽遵起解，爲此繕摺謹奏，伏乞主子睿鑒恩准施行。

　　康熙伍拾玖年正月貳拾陸日。

　　硃批，交戶部。

[339] 四川總督年羹堯奏陳都統法蠟不宜領兵等情摺（康熙五十九年正月二十六日）[2]-2845

　　奏，四川總督加三級紀錄三次臣年羹堯爲奏明領兵大臣，仰祈睿鑒事。

　　欽惟我皇上至聖至明，進兵方略無不籌畫精詳，若事不關重輕，寧敢煩瀆聖聰，伏念國事莫大於用兵，統兵莫大於得將，非不知同寅協恭之道，凡爲臣子所宜仰體，而國家之事重，則同官之誼輕，軍務之事重，而交友之誼輕也，如都統臣法蠟臣與交好，並無絲毫嫌隙，然共事兩年，知之甚悉，言不顧行，遇事張惶，荊州滿兵因太平日久，一切射箭打鎗，進退步伍漸致生疎，法蠟在成都管領年餘，從未操演一次，甲兵不知畏法，每多事犯，臣皆設法完結，未敢瑣屑瀆奏，迨領兵出口止圖草率了事，不能約束官兵，駐紮大朔地方甲兵潛燒草廠，移駐博母布遜又燒草廠，遂撤兵入口，法蠟曾無一言查詰，此不能馭兵之明驗也，草廠寬大足用，與火燒形跡，衆耳衆目何能掩飾，倘令法蠟領兵遠行，臣竊慮其誤事，幸我皇上聖明，遣護軍統領臣噶爾弼〔註825〕來川料理軍務，熟於軍旅，不避煩勞，每

―――――――――

〔註825〕《欽定八旗通志》卷三百十八作護軍統領噶爾弼。

月教練，在省滿兵肅然改觀，非復昔比，且言動合禮，寬嚴互用，不志溫飽，足以服衆，使統兵進剿，臣以身家保其前往，省城無事，留駐滿兵揀選老成協領二員自能管領，法蠟或駐爐地，或回省辦事，惟聖主所命。臣本漢軍，與法蠟、噶爾弼休戚維均，交情無異，非於其中敢有厚薄，祇以身受天恩，優渥已極，統領兵馬，事關重大，但求有益於國家，無誤於軍務，臣之禍福，直同一介，此事臣隱忍已久，今乾綱既斷，刻期進剿，而臣復遠嫌避怨，不即直陳，事有錯悮，罪將何及，且臣不欲法蠟領兵者，慮關軍務，正思所以保全法蠟也，區區誠悃，謹繕摺，遣臣家人存吉，右營馬兵劉鑑賫達宸聰，伏祈聖主睿鑒施行。

康熙五十九年正月二十六日。

硃批，事關密，摺所以未發議政，知道了，令法蠟駐爐是。

[340] 直隸總督趙弘燮奏爲議撥料理軍運人員摺（康熙五十九年二月初二日）[2]-2848

總督管理直隸巡撫事務兵部右侍郎兼都察院右副都御史加拾級臣趙弘燮謹奏，爲奏明事。

切臣前閱邸報，知西寧今年運米需用後補現任之道府等官肆拾員，業經部派貳拾員，其餘貳拾員議令直隸山東山西河南肆省各派道員以下知縣以上伍員發往，臣恐俟部文到日始行檄調致有遲誤，且臣已擬起程北上扈駕春巡，不能在保等候，遂同守巡兩道並在保多官公擬直屬伍道，除通永天津貳道尙未到任，霸昌道現辦皇差並料理軍站，口北道現令督查餧養駝隻，均難派往外，惟大名一道少逸，是以公議大名道陳志源前往，至於府員除永平保定尙未到任，河間界連山左，素稱繁劇，眞定順德貳守年覺衰弱，大名境接河南，同城之大名道既已派用，不便又派知府，以致一郡無大員彈壓，惟廣平一府少逸，是以公議廣平府知府王允玖前往，其餘州縣人多，但擇其年力去得者公同守巡兩道等官拈鬮，今掣得寧津縣知縣甘國圖，獲鹿縣知縣王持正，滑縣知縣王士炳，但此派往之員遠涉沙漠，情願者少，求免不得勢必怨臣，然臣受恩深重，當此用兵之日敢不秉公派往，即成嫌怨亦所不避，但臣係孤人，不得不預爲奏明，仰祈睿鑒。

康熙伍拾玖年貳月初貳日總督管理直隸巡撫事務兵部右侍郎兼都察院右副都御史加拾級臣趙弘燮。

[341] 四川總督年羹堯等奏爲預貯兵糧規劃進軍西藏事摺（康熙五十九年二月初十日）[2]-2851

奏，四川總督臣年羹堯，護軍統領臣噶爾弼謹奏，爲遣兵彈壓乂木多，預貯兵糧，規劃進剿，仰祈睿鑒事。

竊惟大兵進剿，聖謨已極周詳，臣等現在遵行料理，如松潘一路則由木魯烏蘇會合西寧大兵前進，一切軍糈臣年羹堯竭力籌畫，已有成局，可無遲誤，惟打箭爐一路較之西寧松潘，計程皆爲稍遠，進剿之期已近，亟宜料理，以聽進止，查自爐至乂木多道路窄狹，又多山嶺，若每兵二名亦給駄馬三匹，則非特人馬擁擠，難以前行，且綠旗非滿兵可比，原無隨帶苦獨力〔註826〕，狹隘之所，馬多必難兼顧，今每兵祇給駄馬一匹，自打箭爐起行，不必多帶口糧，裡塘巴塘現有捐運米石，隨處支給，足資飽騰，即巴塘裏帶，亦約計可至乂木多而止，裏糧既少，則馬力裕如，蓄力前進，可無疲乏。又查爐至藏乂木多爲適中之地也，木魯烏蘇已蒙大將軍王議令預貯軍糈，實爲盡善之策，川省所當效法，況乂木多已經歸順，彼處番民莫不感激聖恩，望兵彈壓，臣等酌議現今挑選打箭爐滿兵二百名，就近令副都統臣鄂密達〔註827〕帶領，再選督標兵三百名提標兵一百名於二月內即行起程，先至乂木多宣揚聖主威德，撫安遠近人心，隨將巴塘之米預爲運貯乂木多，彼處水草甚好，俟進剿之滿漢大兵到齊，少爲休息，然後裏帶兩月口糧，臣年羹堯再當竭力措置，隨軍輓運四個月口糧，則直抵西藏，軍糈可以無誤，大兵進後，此六百兵仍駐乂木多以爲聲援，甚爲有益，雖料理兵糧係臣年羹堯專責，因有議調滿漢官兵前往乂木多之處，是以會同具奏，合併聲明，伏祈聖主睿鑒施行。

康熙五十九年二月初十日具。

[342] 諭大學士馬齊等以年羹堯爲將軍賜印信事（康熙五十九年二月十六日）[1]-3492

康熙五十九年二月十六日大學士馬齊、乾清門頭等侍衛喇錫等奉旨，總督年羹堯遇戰事善於勤理，才技優長，將其四川軍治備甚齊整，伊料估以伊等兵力即成功，今速行文總督年羹堯，命伊率四川滿綠營兵進伐，若有代伊署理總督事務之賢能人，地方並無事安謐，則年羹堯奏聞署理，命年羹堯爲將軍，率雲南四川軍進伐，倘年羹堯未獲代伊署理人員，則四川要地，以護

〔註826〕譯者註，滿語，意爲跟馬人。
〔註827〕《欽定八旗通志》卷三百二十四作蒙古鑲紅旗副都統鄂密達。

軍統領噶爾弼爲將軍，率雲南四川二地兵士進伐，若不將將軍敕書印記速製送往則誤事，再若不命諸處率兵之大臣等爲將軍，如何能督管部衆，齊里德此次前來觀之人亦可，能督管衆蒙古台吉等，命齊里德爲將軍，應賜印信敕書，將率伐西招大軍之將軍印信敕書，亦應速製送往，所賜印信敕書，交大學士等具奏，欽此。

硃批，將軍印信所關甚要，今部衙人等粗俗者多，以因循當差爲能，今鑄此印務擇吉日，咨行內務府率幹練官員、柏唐阿等共同督造，工竣奏覽。

[343] 四川總督年羹堯奏請以塞爾圖署理總督摺（康熙五十九年三月初三日）[2]-2853

奏，四川總督加三級紀錄三次臣年羹堯爲密陳請旨事。

竊臣世受國恩，無由仰報，雖多罪譴，屢荷矜全，此千載難得之遭逢也，臣本文官，假以將軍之號領兵進剿，得効尺寸之勞，此千載難期之際遇也，若不乘此年力強壯之時，國家用兵之際，圖報萬一，効力疆場，則聖主之所以加恩於臣者何爲，臣之所以仰報聖主者何事耶，臣於此時如不獲仰仗天威，直抵西藏，掃除小醜，實臣終身之憾，既蒙明旨，以四川地方緊要，問臣以署理總督之人，此安內攘外之至計，臣因川省現無其人，是以請令護軍統領臣噶爾弼領兵進剿，其熟諳軍旅，聖明洞悉，臣或不如，若夫激勵將士使人人鼓舞，皆知自奮，臣亦自信稍有一得之愚，臣蒙聖主宥罪使過，非止一端，臣之預備親自進兵非止一日，而可以署理四川總督印務者惟有原任吏部侍郎塞爾圖〔註828〕，臣於翰林衙門與其同官頗久，及在內閣亦曾共事，深悉其人廉靜寡欲，厚重虛衷，祇以負罪之人，不敢顯奏，如令署理總督，必能安戢地方，臣可力保無虞，臣非不知總督任重，用人大權惟聖主操其柄，而以獲罪者膺其選，似爲狂瞽之言，然臣之圖報，竭其所知，用敢破格推薦，仰邀聖主明察，若蒙恩允，即敕塞爾圖馳驛至川，與臣面相交代，臣得安心進剿，或能稍報涓埃，塞爾圖起自罪人，益當感奮，吏治民生，均有裨益，但聖主用人無方，非常特典，務令恩綸出自睿裁，即或另有明旨，總祈聖慈將臣此摺密封發還，俾臣免獲狂瞽之罪，臣實不勝戰慄之至，謹繕摺密奏以聞。

康熙五十九年三月初三日具。

硃批，知道了，因密摺，另封發去。

〔註828〕《清代職官年表》部院滿侍郎年表作吏部滿左侍郎色爾圖。

[344] 雲南都統武格奏報率兵赴藏（康熙五十九年三月二十二日）

都統武格疏言，雲南一路滿漢官兵奉調赴巴爾喀木與將軍噶爾弼合兵進藏，臣等於二月十二日自

雲南啓行。又麗江土知府木興〔註829〕請出兵効力，臣選其土兵五百，令木興之子率之從征，奏入報聞。《平定準噶爾方略》卷七頁二十一

[345] 靖逆將軍富寧安征西將軍祁里德奏報分路進兵（康熙五十九年三月二十九日）

富寧安疏言，今歲議發大兵進勦西藏，其阿爾台、巴里坤兩路兵亦相約進擊準噶爾邊境，令賊擾亂，可以相機行事，臣請率兵三千自烏魯木齊路進，分兵四千自吐魯番路進，其領兵大臣請旨命往，又兩路進兵後請更發兵三千策應，餘兵留者暫令副都統雅圖、侍郎海壽〔註830〕等管轄，奏入得旨，令議政大臣等議奏。尋議應如所奏，其分路襲擊吐魯番兵令散秩大臣阿喇衲率之進發，奏入上從之。

祁里德疏言，臣請將阿爾台路兵七千由布魯爾路進，將軍傅爾丹將八千人由布拉罕路進襲擊準噶爾邊境，餘兵請更遣大臣統轄，奏入得旨，令議政大臣等議奏。尋議應如所奏，其兵留者應令將軍顏壽〔註831〕、都統穆賽等統轄，擇形勝地駐箚，奏入上從之。《平定準噶爾方略》卷七頁二十二

[346] 吏部尚書富寧安奏報所獲消息摺（康熙五十九年四月十二日）

[1]-3501

奴才富寧安謹奏，爲奏聞事。

奴才向侍衛克希圖、員外郎古魯交付，爾等二人前往策妄喇布坦使者哈希哈等前，爾等留心閑言，詢問諸消息。克希圖、古魯歸來告之，克希圖、古魯我等前往，同哈希哈等人閑言，詢問消息。哈希哈告稱，去年我台吉本欲於招地令小車凌敦多布〔註832〕更換大車凌敦多布，至今並無差遣之處，不曉何因而止，去年六月遣往我招地之齋桑薩音查克、桑吉〔註833〕等攜來數人，據云內有色楞，不知眞僞，據聞將色楞〔註834〕於桑吉所轄之鄂托克看守，再

〔註829〕《平定準噶爾方略》卷七頁二十二作土知府木興。
〔註830〕《清代職官年表》滿缺侍郎年表作盛京兵部侍郎海壽。
〔註831〕《欽定八旗通志》卷三百三十一作右衛將軍延壽。
〔註832〕《蒙古世系》表四十二作策凌端多克，巴圖爾渾台吉弟墨爾根岱青曾孫。
〔註833〕《平定準噶爾方略》卷六頁二十一作三濟。
〔註834〕原文作據聞特色楞，今改正爲據聞將色楞。

將侍衛布達里、達克巴桑布〔註835〕、扎爾固齊士忠〔註836〕、漢人堪泰〔註837〕於敦多布〔註838〕所轄之鄂托克看守，俱駐於我台吉之附近，由招而來，由我台吉處而往之人往返不斷，不知何事，同我前來之吞圖、侍衛布達里、達克巴桑布、扎爾固齊士忠、漢人堪泰俱見之等語。訊問吞圖，告稱我兄莽鼐曾看守侍衛布達里等，我往兄前均見伊等等情，從伊所告漢人堪泰觀之，即凉州鎮標遊擊石安泰〔註839〕，爲此謹具奏聞。

硃批，知道了，看得取此等消息之事所訪問者，蓋有缺而不詳處多，俟抵京城，問之方能獲訊。

[347] 四川總督年羹堯奏陳捐銀以助軍賞並請密諭整頓營伍摺（康熙五十九年四月十六日）[2]-2861

奏，四川總督加三級紀錄三次臣年羹堯爲密陳下悃，仰祈睿鑒事。

竊臣資本庸愚，身膺重任，恪遵聖訓，免誤軍機，今大兵進勦，無一不經睿慮指示周詳，用彰天討，西藏自當不日蕩平，臣惟於應捐應備不敢推辭，有見有聞不敢隱諱，是即所以下盡臣職上報天恩也，臣在川十載，衣食悉從節儉，有子十人，不願爲後日溫飽計，凡有所積莫非恩賜，原欲留以爲効力之地，因值用兵，實係國家大事，此而不盡其力，亦無更有効力之處，是以於捐造軍資，犒賞滿漢各兵外，進勦之總兵助銀一千兩，副將助銀五百兩，參遊以下千把以上助銀二百兩至五十兩不等，滿洲領兵各官亦皆一體相助，定西將軍臣噶爾弼受任非輕，一舉一動皆關國家大體，諸事必須裕如，臣捐助馬匹帳房茶葉綾緞等物，復助銀五千兩，以爲沿途犒賞之需，凡此所捐皆十年積蓄，並非派取官民，自干罪戾，而臣之所以備列摺內者，誠恐聖主慮及於此，非敢瑣瀆宸聰，自矜盡職，別有冀望，實以臣之遭際圖報無窮耳。但天下承平日久，各標兵馬操練不勤，一切軍器有名無實，聞陝西雲南率皆如此，雖現在調遣者自必挑選精銳，而存營之兵馬尚多，臣於川省不敢稍懈，

〔註835〕《平定準噶爾方略》卷三頁六作一等侍衛達克巴藏布。
〔註836〕《康熙朝漢文硃批奏摺彙編》第二二六八號文檔《甘肅提督師懿德奏報主事石鍾在軍中狂妄乖張摺》於此人寫作石鍾，兵部吏部禮部尚書席爾達之子。
〔註837〕《平定準噶爾方略》卷三頁七作四川提督康泰。
〔註838〕似指大策凌端多布《平定準噶爾方略》卷四頁十八作策零敦多卜。《蒙古世系》表四十三作策凌端多布，其父布木。
〔註839〕《甘肅通志》卷二十九頁八十四作凉州鎮標前營遊擊史安泰，凉州人，康熙五十三年任。但此處所說堪泰即此人，誤，堪泰爲革職四川提督康泰，

仍在竭力料理，伏乞皇上密諭陝西雲南督撫提鎮諸臣，將兵馬勤加訓練，器械不時整頓，使營伍改觀，軍威遠播，則西藏既平之後，即側亡阿喇布坦〔註 840〕亦將不征而自服矣。又陝西上年歉收，已蒙聖主屢沛恩膏，而窮民猶有艱食者，自去冬至今有挈其妻子隨帶驢騾數十成群來川就食，阻之不能，驅之不去，臣已通飭各屬料理查禁，並咨陝西督臣設法安集，雖川省豐稔，足以相容，然日久人衆，所關甚大，亦祈聖主密敕陝西督撫諸臣加意撫安，使復舊業，方爲久安長治之策，此皆有關於軍務，有關於地方，用敢一併密陳，伏祈聖主睿鑒施行。

康熙五十九年四月十六□具。

硃批，奏摺甚是，朕亦留心，還有優旨，批予議政本去了。

[348] 太原總兵金國正奏報遵旨巡查固原地方摺（康熙五十九年五月初一日）[2]-2865

鎮守山西太原等處總兵官署都督僉事加壹級紀錄壹次奴才金國正謹奏，爲奏明事。

竊奴才出身微賤，原無才能，遭遇主恩，拔擢太原總兵伍載有餘，仰賴主子洪福，地方安靜，今蒙特恩令暫往固原彈壓地方，但固原提督所轄地方遼闊，各營官兵俱有調赴軍前者，而且年歲歉收（硃批，朕亦聞得，留心），雖地方兵民均屬相安，奴才庸愚之人，不得不預爲過慮，伏思奴才新到固原，一切差使巡查地方，人心難以信服，今奴才隨帶吉州營守備馬進德並親隨人役陸拾名前往固原，奴才便於差遣巡查地方，謹繕摺專差兵丁王時茂，家人張起龍齎捧奏聞。

康熙伍拾玖年伍月初壹日。

硃批，這摺子奏的是，依議，近聞操演營伍實心出力者甚少，尔須留心。

[349] 靖逆將軍富寧安等奏報進兵日期（康熙五十九年六月初八日）

靖逆將軍富寧安、振武將軍傅爾丹、征西將軍祁里德疏報，巴里坤、阿爾台兩路駐兵之處雨水調和，兵馬騰壯，又偵探沿途並有水草，當如原議進擊賊境，巴里坤兵於七月初一日啓行，阿爾台兵於六月十六日啓行，奏入報聞。《平定準噶爾方略》卷七頁二十八

〔註 840〕《平定準噶爾方略》卷一頁一作策妄阿喇布坦。

[350] 靖逆將軍富寧安奏報敗賊擒其酋都爾伯特台吉垂木拍爾（康熙五十九年八月初十日）

富寧安疏言，臣於七月初一日率襲擊兵七千啓行，初二日駐廋集，選精兵一千輕騎趨烏爾圖，畫伏夜行，初六日黎明兵抵烏蘭烏蘇之源及烏蘭烏蘇口、托和木圖諸處，悉無賊哨，四向搜捕，亦無蹤跡，初七日駐兵烏蘭烏蘇口內，比暮令一等侍衛哲爾德等率兵赴阿克塔斯，二等侍衛克什圖、一等侍衛阿玉錫等率兵赴伊勒布林和碩，分擊賊哨，頻行時臣密囑哲爾德等烏蘭烏蘇與阿克塔斯相距七十里，與伊勒布林和碩相距百餘里，爾等至阿克塔斯近地，潛兵以待，度克什圖兵已至伊勒布林和碩，即發兵合擊之，愼勿急進，令賊人覺。又與克什圖等約令沿戈壁邊界進兵，於天未明時即抵伊勒布林和碩，圍擊賊哨，臣率署前鋒統領法瑙、副都統常壽〔註841〕等繼進，初八日侍衛哲爾德等擊阿克塔斯賊哨，賊懼甚，望風走，我師急追之，獲一賊，餘入深山潰散，侍衛克什圖等擊伊勒布林和碩賊哨，見賊有馬在谷中，阿玉錫率十餘騎入谷奪賊馬百餘匹而還，賊以我兵掩至，據高山險絕處，藏身樹石間發鎗抵拒，克什圖等率兵奮擊，阿玉錫衝入賊中手刃三人，我兵殺賊三十餘人，生擒二十四人，所獲馬匹器械臣即以分犒官兵奮勇者，擒獲賊酋都爾伯特台吉垂木拍爾，以身負重傷，暫送巴里坤副都統雅圖營，俟師還即檻送垂木拍爾至京，餘賊檻送與否請旨定奪，奏入得旨，將軍富寧安圍擊賊哨，生擒賊二十餘人，著行文副都統雅圖派兵送來京師，沿途嚴加看守，勿致逃亡，其垂木拍爾暫停起解，俟瘡痍愈後再行解京。《平定準噶爾方略》卷七頁三十

[351] 議政大臣弘昇等奏為安置來投人等事宜摺（康熙五十九年八月十七日）[1]-3527

議政大臣署理前鋒統領事務火器營大臣臣弘昇〔註842〕等謹奏，爲欽遵上諭事。

接將軍傅爾丹爲摧毀策妄喇布坦邊界，斬俘賊匪事奏聞摺，於康熙五十九年八月十六日交乾清門頭等侍衛喇錫具奏。奉旨，將軍傅爾丹兵士俘虜厄魯特四百四十餘口，今槪已抵至將軍延壽〔註843〕所駐布拉罕之察罕托惠地

〔註841〕 《欽定八旗通志》卷三百三十一作西安副都統常壽。《平定準噶爾方略》卷九頁九西安左翼滿洲副都統常壽。
〔註842〕 《欽定八旗通志》卷三百十八康熙六十一年前鋒統領爲世子弘昇。
〔註843〕 《欽定八旗通志》卷三百三十一作右衛將軍延壽。

方，由彼處俱撥給駐紮蒙古包，今遣一理藩院賢能章京急速前往，遷此厄魯特，經哲布尊丹巴呼圖克圖、土謝圖汗宮，沿克魯倫下游牧放，抵至呼倫貝爾地方，攜至喀爾喀王盆蘇克〔註844〕地方，食魚養育爲妥，既然嗣後陸續有俘虜來投者，來人數百千口，兵營如何可留，地方亦近，以至逃遁，不可料定，將其中爲首人遣一二名往京城，除將爲首來人明遣外，餘俱遷移，如何料理伊等，陸續解來之厄魯特如何辦理情形，議政大臣等概略議奏，欽此。

臣等謹思，所奉旨甚是，聖主以不可不剿殺叛逆策妄喇布坦而盡謀，遣派各路大軍均依聖主指教俱抵至敵據點，殺者殺虜者虜，此一次準噶爾人衆膽碎，不得生路，嗣後陸續各部落俱結夥來歸，現由汛地解來人衆，繼之二位將軍之俘虜人等又解來，來人數百數千抵至，積多後軍營不可容留，一時難於辦理，嗣後除二路軍所俘叛匪策妄喇布坦之準噶爾人衆外，將和碩特、輝特、土爾扈特、杜爾伯特等庫奔諾彥等，各自率所屬諸申來歸及策妄喇布坦屬下大批來歸人衆，將軍等具奏後何處安置，如何辦理之處，除由皇上指示外，將現俘虜四百餘口人，及二路將軍等續俘虜人口，一俟抵至陸續俱遷至呼倫貝爾地方，以度今冬，以此遣蒙古大臣一員、蒙古章京一員，馳驛速遣，將軍延壽抵達貝勒丹津多爾濟駐處，領兵將軍等前來，則向伊等共議，尙未抵至，則將軍延壽同貝勒丹津多爾濟等會議，今俘虜之人內，倘係撥貝〔註845〕、車凌旺布〔註846〕等屬下烏梁海人兄弟，撥貝、車凌旺布等又保證不逃，即交付撥貝、車凌旺布等，著伊等兄弟等相會，由現獲四百餘口人內，速解爲首一二人外，所餘人衆及續俘虜衆人內若有夫妻帶家口者，酌情以二三十人爲一隊，沿途供給乘畜廩餼，俱收伊等軍器，差兵士妥善看護，斷不至逃遁，送至喀爾喀土謝圖汗、哲布尊丹巴呼圖克圖居所，抵達土謝圖汗、哲布尊丹巴呼圖克圖居所後，由土謝圖汗處派兵看押遞解，由喀爾喀等購羊食之，攜至克魯倫下游呼倫貝爾地方，將用於購羊銀，前往之大臣算足，自侍郎敦拜〔註847〕處領用之，將首隊之人率遷此方時由前往之章京護率，以後陸續啓程遣派人衆，該章京驗收，自車臣汗方面扎薩克等旗率官兵看守，當伊等抵至呼倫貝爾地方，由駐齊齊哈爾地方將軍陳泰〔註848〕將魚網新滿洲等

〔註844〕屬車臣汗部，《蒙古世系》表三十三作朋素克，父諾爾布。
〔註845〕《平定準噶爾方略》卷九頁七作和托輝特公博貝。
〔註846〕《平定準噶爾方略》卷一頁十作厄魯特王策凌旺布。
〔註847〕《清代職官年表》部院滿侍郎年表作戶部滿左侍郎敦拜。
〔註848〕《欽定八旗通志》卷三百三十一作黑龍江將軍陳泰。

酌情遣人，捕魚食之，冬季結冰後倘未得多捕魚，則前往之章京由近處喀爾喀購羊，連魚並養過冬，俟來年春暖後，在何處辦理之處，再具奏請旨，此次俘虜人內，查明孤兒寡女，由汛地遣人，不經驛站，以喀爾喀之物力抵至歸化城，交付歸化城都統等妥善養之，俟伊等丈夫，父親等到來相會也等因交付，此前往之大臣將如何辦理之處奏聞，俟二位將軍班兵，將二路俘虜俱辦竣後，此前往之大臣再回來可也。為此謹奏請旨。

議政大臣署理前鋒統領事務火器營大臣臣弘昇。

大學士臣馬齊。

議政大臣領侍衛內大臣公臣馬爾賽。

議政大臣戶部尚書臣孫札齊。

議政大臣都統臣陶賴〔註849〕。

議政大臣工部尚書臣徐元夢。

兵部右侍郎臣查弼納。

理藩院右侍郎臣特古忒。

[352] 康熙帝諭遣使往班禪額爾德尼處問安事（康熙五十九年八月十八日）[1]-3528

康熙五十九年八月十八日乾清門頭等侍衛喇錫傳旨，今西招事俱定，班禪額爾德尼此數年被準噶爾軍脅迫，心情苦悶，未能遣使請朕安，今大軍已抵招地，班禪為欲遣使請安事為難，不可料定，我等應先遣使問候班禪安好，故此班禪可榮光，所有部眾聽聞亦善，將此稟告議政大臣等，撰寫送往班禪之諭旨以奏覽，照原行文之例，連同綢一併遣送大將軍王前，由大將軍王處遣派喇嘛一名、賢能章京一員，火速乘驛遣往班禪處，將班禪請朕安所遣使臣亦一同火速攜來，欽此欽遵，繕擬致班禪額爾德尼諭旨以奏覽，經皇上閱改後，譯為滿蒙唐古特三種文字，兼書發送可也。

[353] 征西將軍祁里德奏報敗賊降其宰桑塞卜騰等（康熙五十九年八月十九日）

祁里德疏言，臣率官兵進襲，恐厄魯特烏梁海等賊邀我師後路，即分兵千二百人，留阿保喀卜沁防厄魯特賊人往來，及索烏梁海賊人潛伏山谷中蹤跡，擒厄魯特烏梁海賊四百餘人，復於七月二十九日率兵自鏗格爾河進，偵

〔註849〕《欽定八旗通志》卷三百二十四作蒙古鑲藍旗都統陶賴。

厄魯特宰桑塞卜騰等率賊眾赴鏗格爾河，據山守險，臣遣人招降，賊恃險拒敵，我師分兩道夾擊之，賊眾大潰，竄守山麓，次日復遣人往宣佈聖主威德，宰桑塞卜騰等率二千餘人降，所獲馬駝牛羊萬餘隻，其宰桑塞卜騰等俟師還遣官兵解送京師，奏入得旨，此次擒獲之人及投降之宰桑塞卜騰等派官兵解送時著喀爾喀協濟，先送至歸化城，將其中頭目數人驛送至京，其餘烏梁海之人交與公博貝等，設法防視，勿致逃竄。《平定準噶爾方略》卷七頁三十二

[354] 靖逆將軍富寧安奏降賊眾及辟展城吐魯番部（康熙五十九年八月三十日）

富寧安疏言，散秩大臣阿喇衲等於七月初八日兵進齊克塔木，遇賊兵據營，擊破之，擒殺二十餘人，賊眾悉降，初十日至辟展城，有回子兵守城，官兵進擊，擒回部一人，即遣歸令諭眾回人輩，我師為征勦策妄阿喇布坦而，來與爾無涉，若速歸順即赦勿誅，否則破城悔無及矣，是日辟展城回部酋長率三百餘人來降，十三日大兵至吐魯番，吐魯番部阿克蘇爾坦及總管酋目沙克扎拍爾等悉率眾降，凡獲鳥鎗五百五十杆駝四十隻馬五百匹，阿喇衲等於七月十六日率沙克扎拍爾等及官兵凱旋，奏入得旨，將軍富寧安所奏著發抄京城，傳諸王滿漢大臣等公同閱看。《平定準噶爾方略》卷七頁三十三

[355] 四川總督年羹堯奏請以高其佩等陞補按察使等員缺摺（康熙五十九年九月初二日）[2]-2891

奏，四川總督加三級紀錄三次臣年羹堯為請補才能以免曠缺，以勵官方事。

竊惟地方辦事實賴勤敏，而經理多年始稱勞績，我皇上用人惟才，有勞必錄，所以鼓舞一世而遠邁千古也，川省自用兵以來，管理糧餉預備軍需原不乏人，面松潘一路以永寧道高其佩總其成，打箭爐一路以順慶府知府遲維臺任其事，而爐內則嘉定州知州安定昌，裡塘則名山縣知縣李弘澤，巴塘則滎經縣知縣王詢分地料理，或往來口外或久駐邊方，三載於茲，未回任所，不辭辛苦，委辦諸事並無貽誤，至乍丫又木多料理糧運，又兵馬未行先往類烏齊等處購覓牛馬諸事皆集，此，則成都府同知馬世烆之力也，臣雖乏知人之明，幸所委各官皆無誤事，而以上六員，其勤敏勞績更為昭著，今四川按察使李育德因病請休，經臣另疏題達，所遺員缺自應靜候聖主簡任，臣又何

敢冒昧陳請，但高其佩軍前辦事久而多勞，且發奸摘伏，申理獄情，尤其才之所素裕者，若遲維臺李弘澤歷俸最深，安定昌以員外郎管知州事而又捐陞知府，馬世烇王詢均屬旗員，壯年練達，居官皆有賢聲，請以高其佩就近陞補按察使，如蒙聖恩俯允，則所遺永寧道員缺請以遲維臺陞補，其遲維臺所遺順慶府員缺請以馬世烇陞補，其馬世烇所遺成都府同知員缺請以王詢陞補，又保寧府知府郎鑑病故，亦經題報在案，所遺員缺川陝接界地方緊要，請以安定昌補授，其安定昌所遺嘉定州員缺請以李弘澤陞補，則員缺無久候之虞，而各官益當激勵以圖後報矣。至李弘澤王詢所遺名山縣，榮經縣二缺，仍聽部選。臣以用兵之際，擇人務在才能，而勞績既彰，敘錄亦能勵眾，且各官有在口外，有進抵西藏者，非有干求於臣，而臣亦不敢有私於彼，祇以受恩深重，屢加獎勵，逾於常格，無非以臣之料理軍務倖得無誤耳，然臣之所以倖得無誤者，非臣一人之力，正賴各官之力也，若矜己之能沒人之善，臣實恥之，是以臚列伊等勞績，仰祈聖明洞鑒，允臣所請，使高其佩等身叨曠典，即臣之身沐殊恩矣，臣不勝惶悚之至。

康熙五十九年九月初二日具。

[356] 靖逆將軍富寧安奏報凱旋回營（康熙五十九年九月初八日）

富寧安疏言，臣於七月十八日至烏魯木齊，不見賊哨，即遣兵遍索亦無蹤跡，有烏魯木齊及喀什噶爾諸處逃出回人先後來降，詢以策妄阿喇布坦消息，據言若等乃哈密屬人，為賊所掠，是月十一日賊目徹格爾得自伊勒布林和碩奔還，云天兵已至，台吉垂木拍爾所率兵勦殺無遺，以故烏魯木齊所居垂木拍爾屬人及厄魯特眾震駭奔竄，若等乘間逃出來降。又言烏魯木齊今年旱，牲畜死者甚多，臣遣人詳悉偵探，與回人言無異。其阿喇衲襲擊吐魯番兵先於七月二十四日至烏蘭烏蘇，臣所領兵於八月初二日亦至烏蘭烏蘇，初三日合兵凱旋，初十日抵巴里坤，奏入得旨，令議政大臣知之。《平定準噶爾方略》卷七頁三十五

[357] 甘肅巡撫綽奇獻物清單(康熙五十九年九月十二日）[1]-3530

奴才綽奇謹跪獻佛舍利二座，青豹外套褂皮桶子一件，珊瑚素珠一串，拉古爾碗四隻，玉石二塊，瑪瑙三塊，綠瑩石一塊，雅爾雜古木布一匣，元狐皮八張，金剛石九塊，自然銅一塊，野羊角七對，蒙古小刀五把，回子腰刀一把，石羊皮二百張，氆氌十六塊。

[358] 振武將軍傅爾丹奏報敗賊擒其宰桑貝肯等（康熙五十九年九月十八日）

傅爾丹疏言，臣率兵至格爾額爾格，厄魯特人聞大兵即至，委棄行帳什物四路奔潰，臣等分兵進勦，於七月二十一日追及之，殺賊二百餘人，擒宰桑貝肯等百餘人，招降三百餘人，獲馬駝器械無算，又偵知烏蘭呼濟爾為厄魯特人屯聚耕種之所，臣親率兵躪之，焚其所積糧草一空，整隊而還，賊尾我師來襲，我師截擊之，賊大敗遁，請以宰桑貝肯等檻送京師，奏入得旨，將軍傅爾丹所奏著抄發京城，傳諸王文武大臣公同看閱。《平定準噶爾方略》卷七頁三十七

[359] 奏謝賜物十種摺（康熙五十九年十月二十一日）[3]-35

四川總督加三級紀錄三次臣年羹堯為恭謝天恩事。

康熙五十九年十月十九日家人嚴坪賷摺請安，捧回賜物十種到川，並宣傳上諭，臣即恭設香案，望闕叩頭謝恩，隨敬謹啟箱，逐一祇領訖，伏念臣本庸材，智識短淺，仰蒙聖主教誨周詳，倖免隕越，乃迭荷溫綸，曲加激勵，臣敢不祇遵，竭其心力，期無負聖明特達之知，而口外軍糈皆及時轉運，必不致於遲誤，此亦臣之職分當然，豈足仰報萬一，至細閱恩賜諸品，悉皆天府之奇，希世之珍，臣謹什襲以藏，永作傳家之寶，受恩深重，圖報為難，銘刻於心，無時敢，謹遵明旨，不敢逐件開列繕疏奏謝，又因時值用兵，不敢輒乘驛馬，特遣家人蓋璠雇覓腳騾賷摺恭謝天恩，伏祈聖主睿鑒施行。

康熙五十九年十月二十一日具。

[360] 兩廣總督楊琳奏報去年鹽課額餉已盡完解等情摺（康熙五十九年十月二十九日）[2]-2904

奏，兩廣總督奴才楊琳為奏報鹽課全完事。

奴才於本年三月內接管鹽務，勸諭各商勉力輸餉，其力不能完者即差官運鹽撥銷抵課，今五十八年額餉四十五萬五千九百餘兩已盡數全完，又征完廣西鹽稅銀四萬一千八百餘兩，又常保任內未完五十七年餉稅已征，起銀二萬一千六百餘兩，現在造冊奏銷，其每年應帶完舊欠十六萬八千兩亦將次征完，遵照題定限期於年終另行題報，至新餉舊欠正項之外，另有收鹽羨餘應於年終截數行查各場造冊，計至來年二月內冊始到齊，奴才至期當一面具題一面即委員解赴陝西供應軍需，所有鹽課全完緣由，理合奏聞。在廣東鹽觔

全賴冬季晴明收貯，以供次年配銷，上年常保因題請撤回，不肯多發帑銀，以致冬季失收，奴才自三月內接任以來正值春夏陰雨連綿，本年埠鹽多缺，今多竭力收足，來年商力自當漸舒，合并奏知，謹奏。

康熙伍拾玖年拾月貳拾玖日奴才楊琳。

硃批，知道了。

[361] 定西將軍噶爾弼平定西藏疏（康熙五十九年十月十七日）〔註850〕 （《衛藏通志》卷十三上）

兵部為欽奉上諭事。

據定西將軍噶爾弼等謹奏聞，為取定昭地事。從前將拉里地方攻取奏聞。臣等領兵暫且在拉里地方餵養馬匹駐箚，與平逆將軍約會，再行進取昭地在案。我們差往打聽信息之人回來稟稱，竹工之呼圖克圖〔註851〕迎來歸順，今吹木丕勒宰桑〔註852〕帶領準噶爾之兵六百名，蠻兵二千名，在於噶爾招穆倫之渡口，堅守墨竹工卡，章名兒自榮所前來，與我們之兵對敵。聞聽竹工呼圖克圖暫行歸順，臣即與眾人商議，我們若駐箚仍等約會日期，倘或吹木丕勒前來，將噶爾招穆倫之渡口墨竹工卡堅守，將歸順我們之人俱驚怕變更，則坐守事務有誤，我們即行起身，俟吹木丕勒未措及之先，不若將墨竹工卡、噶爾招穆倫渡口攻取，再等西寧之兵一同前進。如此議定，即將滿漢兵內挑選三十名，扮為唐古忒之人，先行差往打探信息。此際工布之第巴等親身前來稟稱，我等尊奉將軍之令，帶領工布兵二千名，在於工布伽木達地方下營，一同效力等語。臣等逐一賞明，令千總趙儒、第巴濟古爾將銀緞等物挈去，前往工布伽木達地方，將工布之兵逐一賞賜。八月十六日在於墨竹工卡地方約會，已經差去。臣等帶領滿漢官兵於八月初六日自拉里起身，到工卡爾拉地方，竹工之呼圖克圖將伊地方人口數目冊籍呈送前來歸順，已到竹工地方。我們從前差去之滿漢兵稟稱，墨竹工卡兒地方有唐古忒之兵、榮梭蒙古有千餘名，俱行安營，並無吹木丕勒之兵信息。次日起身到墨竹工卡地方，據前行之先鋒稟稱，前邊扎營之賊聞

〔註850〕 時間據《欽定平定準噶爾方略》卷八頁一補，康熙五十九年八月二十三日噶爾弼率軍已進佔拉薩，此奏疏署日期為十月十七日，則必為抵京之日起，非上奏之日期。

〔註851〕 竹工即止貢寺，據《直貢法嗣》頁二四九載止貢呼圖克圖即止貢寺第二十五任主持貢覺陳烈頓珠。

〔註852〕 《平定準噶爾方略》卷六頁二十一作左哨頭目春丕勒。

我兵到來，俱行撤散，現今彼處無兵等語。因此臣等即行前去將墨竹工卡攻取，第巴達瓦等俱行賞賜安民。據差往噶爾招穆倫渡口驗看船隻之通事札錯、阿拉木巴等稟稱，渡口無有船隻，問村莊人等，俱回稱船隻俱被第巴達克札〔註853〕收去。吹木丕勒宰桑找尋徹凌敦多布〔註854〕已回達木地方。渡口第巴達克札曾積聚二三千名蠻兵札營，知大兵取了墨竹工卡地方，兵丁俱已潰散，第巴達克札情急〔註855〕逃往沙漠地方。臣等即差千總趙儒、第巴濟古爾前往第巴達克札曉諭，爾原受聖恩之人，今聖主廣施法教，救護唐古忒之人差兵前來，是為爾等，速行歸順，如若仍然兩意不順，即差兵將爾拏來問罪。如此差去，第巴達克札自沙漠地方又潛逃回家，前往搜尋，明白曉諭，如不歸順，即行拏獲。因此第巴達克札同趙儒、濟古爾一同過噶爾招穆倫前來，接繼喇嘛仲古爾、達瓦等相繼歸順前來。來看此處唐古忒俱甚是恭敬第巴，凡事俱遵第巴達克札指使行事，因此第巴達克札暫行款待，令其在我們營中駐箚，探聽準噶爾賊人信息，俱前往達木、哈喇烏蘇等處地方，接我們西寧一路兵馬前去，伊等所食糧餉俱係第巴達克札自昭地攢湊送去，昭地準噶爾之喇嘛甚多，此內亦有策凌敦多布甚是靠用之人，第巴達克札雖經歸順，不可信服。臣等僉議得昭地地方乃準噶爾賊人根基，我們速行由噶爾招穆倫過去，攻取昭地，將伊巢穴佔住，四面路口堅守，斷賊糧道。準噶爾調來之唐古忒兵丁，暗地差人前去，令其各散，挑選兵馬，迎接西寧一路兵馬，前來幫助，使準噶爾賊兵首尾不能相顧，合力易於剿滅。令第巴達克札傳聚皮船，於八月二十三日過河，即分隊，令二等侍衛那沁、郎中鄂哩〔註856〕等帶領滿漢官兵做第一隊。臣與都統五格等帶領滿漢官兵做第二隊。副都統吳那哈、總兵官趙坤、馬會伯等帶領滿漢官兵做第三隊，於二十三日五更進兵，將昭地攻取。所有大小第巴等，布賴琫等寺廟之喇嘛聚集，將聖主廣施法教，救護圖伯特部落眾民之至意宣諭，眾第巴民人喇嘛俱跪稟，蒙聖主之恩，享受安逸，自準噶爾人等前來，將我們遭害，以除殘壞，天朝大兵到來，我們眾唐古忒部落人等，得復見天日，紛紛歡悅，舉掌叩首。臣等將昭地所有之達賴喇嘛倉

〔註853〕《平定準噶爾方略》卷六頁九作第巴達克咱。
〔註854〕《平定準噶爾方略》卷四頁十八作策零敦多卜。《蒙古世系》表四十三作策凌端多布，其父布木。此人為大策凌端多布，以區別於小策凌端多布。
〔註855〕原文作情願，今改為情急。
〔註856〕《平定準噶爾方略》卷六頁二十四作郎中鄂賴。

庫盡行封禁〔註857〕，於昭地堅固地方安營，於相通四面道路俱派兵看守，斷絕準噶爾往來之人運糧道路。又為唐古忒字樣，用第巴達克札印信，將策凌敦多布處所有唐古忒之兵暗地差人前去，令其各散。派綠營官兵前往噶爾丹、色喇、布賴琫等廟內，有堪布等，曉諭準噶爾喇嘛，準噶爾喇嘛等幫助策凌敦多布，毀壞法教，將唐古忒人等殘毀，爾等即行舉出，與爾等出家人無涉，若隱藏一名，俱歸罪於伊等，因此三個廟內堪布衆喇嘛，將廟內所有一百一名舉出，準噶爾喇嘛內有為首者五名喇嘛，第巴達克札、各廟堪布等俱稱，伊等係策凌敦多布甚是靠用之人。訊問此五名喇嘛，即行斬戮。其餘九十六名準噶爾喇嘛，盡行收禁昭地監內，臣等挑選滿漢兵，整頓馬匹，即前往迎接平逆將軍延信之兵，幫護合力剿滅賊寇外，為此謹奏等因。

奉旨，將軍噶爾弼將得昭地奏摺，即抄寫發往大將軍王，將軍富寧安、傅爾丹、盛京三處將軍，江南杭州荊州西安右衛將軍，各省督府提鎮，欽此。（《衛藏通志》卷十三上頁三，《西藏圖考》卷七頁一）

[362] 議政大臣滿都扈等奏為籌備撤軍事宜摺（康熙五十九年十一月十九日）[1]-3540

議政大臣多羅貝勒兼都統臣滿都扈〔註858〕等謹奏，為欽奉上諭事。

接四川總督年羹堯奏文稱，康熙五十九年十一月初二日督運松潘路糧餉之敘永同知孫成定，化林副將楊金新〔註859〕自藏地遣派把總哈元成〔註860〕，前來成都告稱，賊兵於喀喇烏蘇地方被我等屢次擊敗，逃跑無蹤，達賴喇嘛於九月十五日坐牀，以此番民甚為歡忭，約在十月內大軍返回，著陝西軍亦自打箭爐路撤返等語。此俱係皇帝德威詔示遠方，萬里邊疆瞬間平定，番民雀躍。復據該同知呈稱，巴爾喀木路理應備米，供給返回兵丁等因，臣即詳訊哈元成大軍抵藏情形，告稱甚明，自西寧抵藏之途，瘴氣甚多，如此人心俱欲從巴爾喀木路返回等語，按月攤計官兵口米，尚有餘，既然自四川運至米多，沿途不供米亦可，惟聽聞駝馬損失甚多，現有馬匹抵至中途，俱至疲憊，然巴爾喀木路無牧場，倘撥米給官兵，斷然不能，此次我滿洲綠營兵，

〔註857〕原文作封謹，今改為封禁。
〔註858〕《欽定八旗通志》卷三百二十一作滿洲正白旗都統貝勒滿都護。
〔註859〕《甘肅通志》卷二十九頁十六作楊盡信，雍正元年已陞任固原總兵官。
〔註860〕《平定準噶爾方略》卷八頁十七作把總哈元成。

既然俱係爲聖主事於異界建功之人，將伊等廩餼不可不多加預備，臣業已速咨行各處，遣官多運米，沿途供給，從巴塘抵達扎雅之路雖屢被雲南土司知府穆興破壞，難於運米，亦須施巧計輸運，倘稍不足，即備炒麵，滿額供給，既涉二路歸返大軍之事，備口米之處理應明白條陳，伏乞聖主睿鑒准行一摺。康熙五十九年十一月十八日經議政大臣面奏，奉旨，總督年羹堯爲進藏軍旅歸返事具奏，此軍俱從巴爾喀木路來四川，若將從雲南進藏之杭州江寧之滿軍遣回雲南，路途遙遠，既距四川臨近，即來四川罷，將雲南綠營兵年羹堯視何路近即從何路遣往雲南，著四川進藏之滿軍歸來四川，從西寧進藏之軍自松潘路歸來，抵至松潘後，若邊外就近即從邊外遣往西寧，若邊內就近即從邊內遣往西寧之處，火速行文總督年羹堯，著伊定奪遣之，爾等速議奏，欽此欽遵。

臣等會議得，據四川總督年羹堯奏文內開，督運松潘路之米敘永同知孫成定、化林副將楊金新，由藏地外放把總哈元成，抵至成都告稱，著達賴喇嘛於九月十五日坐牀，以此番民甚歡忭，約十月內大軍返回，臣即詳詢哈元成大軍抵藏情形，所告甚明，由西寧抵藏之路瘴氣甚重，故人心俱欲從巴爾喀木路返回等語。按月計官兵口米，尚有餘，且由四川運至之米既然又多，沿途不供米亦可，惟現有馬匹抵至中途以至疲憊，然巴爾喀木路無牧場，倘撥米給官兵，斷然不能，臣業已火速行文各地，遣官多運米，沿途供給，倘有不足，即備炒麵，滿額供給等情。竊查總督年羹堯爲返回官兵停止供米，火速行文各地預備，遣官多運至米，沿途供給等情所奏甚是，相應將沿途供給兵丁之米，依年羹堯具奏，急促備辦，再此軍返回時從雲南進藏之滿洲綠營兵，陝西兵既然俱從巴爾喀木路而來，著雲南綠營兵從往雲南之近路遣之，[著滿兵來成都，著由四川進藏之兵從打箭爐路來四川，從西寧進藏之兵亦經巴爾喀木路前來，抵至成都後，再往西寧則向松潘而來，抵至松潘後，就近從邊外遣往或從邊內遣往西寧之處，總督年羹堯定奪遣之]，餘依降旨，以此[年羹堯]總之，遣大員一名，火速迎送軍旅，於各自所指處派遣之兵，倘馬畜廩餼等物窘迫，酌情辦理，奉旨後火速行文總督年羹堯，仍行文知照大將軍王可也，爲此謹奏請旨。

議政大臣多羅貝勒兼都統臣滿都扈。

議政大臣署理左翼前鋒統領事務火器營大臣臣弘昇。

議政大臣領侍衛內大臣署理都統事務宗人府右翼鎮國公臣烏爾詹〔註861〕。

議政大臣輔國公兼都統臣阿布蘭〔註862〕。

大學士臣馬齊。

大學士臣嵩祝。

大學士臣蕭永藻。

議政大臣領侍衛內大臣公臣馬爾賽。

議政大臣戶部尚書臣孫扎齊。

議政大臣都統臣陶賴。

議政大臣禮部尚書臣貝和諾。

議政大臣兵部尚書臣孫柱。

議政大臣刑部尚書臣賴都。

議政大臣工部尚書臣徐元夢。

議政大臣都察院左都御史臣黨阿賴。

議政大臣護軍統領臣色痕圖〔註863〕。

兵部右侍郎臣查弼納。

理藩院右侍郎臣特古忒。

[363] 川陝總督年羹堯奏請准帶効力人員赴山陝散賑摺（康熙六十年六月初九日）[2]-2930

奏，四川陝西總督加三級紀錄三次臣年羹堯謹奏，為隨帶効力人員事。

竊照山陝兩省散賑事務繁多，委辦需人，臣於初三日自熱河到京後，有原任四川茂州知州高起捐陞知府，在京候選，其人辦事明白，具呈往陝効力，又有散館革退之庶吉士徐大枚、劉嵩齡具呈願往陝西捐銀賑濟，臣因用人之際，一面帶往一面奏明，伏祈聖主敕部註冊知照各旗，俟事竣容臣送部議敘，臣不勝愧仄之至。

康熙六十年六月初九日具。

硃批，知道了。

〔註861〕《欽定八旗通志》卷三百十八康熙五十八年有領侍衛內大臣宗室公吳爾占，康熙五十九年無此人。

〔註862〕《欽定八旗通志》卷三百二十一作滿洲鑲藍旗都統阿布蘭。

〔註863〕《欽定八旗通志》卷三百十八作護軍統領宗室色亨圖。

[364] 川陝總督年羹堯奏陳山陝散賑請准酌量便宜行事摺（康熙六十年六月初九日）[2]-2931

奏，四川陝西總督加三級紀錄三次臣年羹堯爲奏明事。

竊臣於本月初二日自熱河陛辭起身回京，於初三日到家，山陝兩省散賑事宜，臣已與左都御史臣朱軾，光祿寺卿臣盧詢面商明白，各陸續馳驛前往，臣亦於初九日遵旨馳驛就道，惟是救荒之策，事莫大於理財，法莫難於得人，以本省之米活本省之民，務先安定人心，可免意外之虞，臣凜遵訓旨，竭力料理，凡有裨益民生與捐助庫帑之處，惟賴聖主准臣酌量便宜行事，不泥成例，則兩省數百萬被災戶口均沾救賑之恩於無既矣，伏祈睿鑒批示遵行。

康熙六十年六月初九日具。

硃批，是。

[365] 川陝總督年羹堯奏報在京未見羅瞎子摺（康熙六十年六月初九日）[2]-2932

奏，臣年羹堯再奏。

臣陛辭之日奉旨令臣到京着羅瞎子推算，欽此。臣到京後聞知其人在京招搖，且現今抱病，臣是以未見伊，理合附奏，非臣敢於違旨也，臣不勝戰慄之至。

康熙六十年六月初九日具。

硃批，此人原有不老誠，但占得還算他好。

[366] 議政大臣滿都扈等奏請收吐魯番回子摺（康熙六十年六月二十五日）[1]-3558

議政大臣署理領侍衛內大臣事務都統兼多羅貝勒臣滿都扈〔註 864〕等謹奏，爲請旨事。

接靖逆將軍富寧安等奏文內開，竊查前經奴才等奏陳未出兵收吐魯番回子等緣由，及仍依奴才等具奏，今年大舉進伐等因奏請，今由吐魯番來投之回子阿里木和卓〔註 865〕等告稱，我等彼處全體回子寡婦孤兒等，著我等八人特差

〔註 864〕《欽定八旗通志》卷三百二十一作滿洲正白旗都統貝勒滿都護。《欽定八旗通志》卷三百十八作領侍衛內大臣貝勒滿都護。
〔註 865〕《平定準噶爾方略》卷九頁十作阿里木和卓。

－336－

送具奏聖主之文，咨行扎薩克額敏文書等語。此全體小回子等慕聖主仁化，情願歸服，奴才等理應即揀兵派遣，惟不滅策妄喇布坦，收取歸降吐魯番回子等，則無法駐軍鎮守，欲久鎮守，難於接濟糧餉，欲攜來耗力甚多，一旦棄之前來，策妄喇布坦係秉性暴虐賊匪，以歸降我等必致斬殺，滅絕回子等，然奴才等具奏之事，俟諭旨到，按聖主指示即遵行，不派兵收取回子等，再此間攜往策妄喇布坦處回子等逃回吐魯番，或另有訊不可料定，歸降之八回子內，訓教阿里木和卓、米爾雜莽喀、庫楚克等三回子，爾等照常歸返吐魯番，稟告爾等大回子等，此間妥善固守城池，倘厄魯特等兵少前來，爾等能拏即拏，解送我等，若兵多前來爾等內差人火速報我等，我等率兵前往救援爾等，爾等陸續返歸之回子，將所獲策妄喇布坦處諸消息，以及取和卓阿三和卓木、哈薩克、布魯特，取葉爾克木、哈什哈爾者真偽之處，明白取訊，火速稟報，故此爾等歸降之誠意顯而易見，剿滅策妄喇布坦後，爾等俱蒙獲聖主無盡鴻恩等因，賞綢茶等物，辦理馬畜廩餼，康熙六十年六月初十日由巴里坤啓程，經烏可克嶺遣返，此間倘有應行良機，奴才等即執行外，爲此謹奏請旨等情。

　　復據回子托克托瑪木特〔註866〕奏文稱，策妄喇布坦因我等歸降聖主，著遷往察拉斯，離開原籍，我回子等甚怨恨，半數中途逃來半數由察拉斯逃來，從北面有一二百厄魯特追來，與我等交戰，亡者亡，餘者俱由我托克遯至辟展，二千五百人歸順聖主，以托克托瑪木特我爲首駐紮魯克齊木，復孤寡等請皇上速拯救我等，俘獲貴重網子甲等語一摺，於康熙六十年六月二十三日經乾清門頭等侍衛喇錫轉奏。奉旨，議政大臣面奏，欽此。本月二十四日議政大臣等面奏，奉旨，富寧安所報吐魯番回子托克托瑪木特等遷移哈喇沙爾時未往逃返駐於羅布沁等語，今歸降之回子向準噶爾交戰，斬爲首人，攜甲來獻，由此看來，策妄喇布坦似極無報復之力，今策妄喇布坦內訌，不可料定，我等今取吐魯番，倘不鎮守，則由策妄喇布坦處歸降之人、使臣、逋逃，在回子等間，若加殺掠，以至斷絕此路訊息，不可失此機，朕思由策妄喇布坦使伊等遷移未至哈喇沙爾，中途棄逃看來，似未能守衛，甚爲心疼，知斷不可與我爲敵，今議政大臣等速議，咨行富寧安，遣綠營兵一千、察哈爾厄魯特蒙古回子兵一千，共兵士二千，前往吐魯番，收取歸降之回子等，以守護之，將由彼方逃來之使臣、逋逃解送此方之處，加以保護，令駐哨所，今回子等歸降我等，與厄魯特世代爲讎敵者即爲我方之人也，巴里坤距吐魯番

〔註866〕《平定準噶爾方略》卷九頁十二作托克托瑪木特。

僅六百里，不甚遙遠，誠若策妄喇布坦兵多前來，我大軍往援不需久，此事爾等速議，咨行富寧安，先繕文轉行回子等，我軍抵達此間，由策妄喇布坦處來之使者逋逃，斷不可侵犯隱匿，即解送此方，欽此欽遵。

臣等會議得，據請逆將軍富寧安等奏文稱，由吐魯番來降之回子阿里木和卓等告稱，我處全體回子孤寡等人特差我等八人，呈送與聖主奏書等語，此全體小回子等稱慕聖主仁化情願歸順，奴才等理應即刻派遣兵士，惟不滅策妄喇布坦，倘收取歸降之吐魯番回子等，則無法駐軍鎮守，欲久鎮守糧餉難於接濟，欲遷移攜來耗費力多，一旦棄之而來，策妄喇布坦係秉性暴虐賊匪，以歸降我等務至斬殺滅絕回子等，然奴才等奏事，俟諭旨到，按聖主指示即遵行，未遣兵收取回子等，此間倘有應行良機即行等語。據托克托瑪木特、博克等奏文稱，策妄喇布坦以我等歸降聖主，令遷往察拉斯離開原籍，我回子等甚怨恨，半數途中逃來半數由察拉斯逃回，由北面有一二百厄魯特等追戰，亡者亡，餘者俱從我托克遜至辟展二千五百人歸順聖主，以托克托瑪木特我為首駐紮魯克齊木，復孤寡等請聖主速拯救我輩等語。竊查去年將軍富寧安撥兵與閒散大臣阿喇納招撫吐魯番，策妄喇布坦復以我軍往，取吐魯番不可料定，特將回子等火速迫遷哈喇沙爾，回子等由伊等處離開，甚怨恨，途中陸續逃來，與厄魯特追兵交戰，由此觀之策妄喇布坦力竭，心疼而不能守衛矣，此乃一良機，且回子托克托瑪木特等既然誠意歸順聖主仁化，不可不派兵保護，相應依聖主諭旨，咨行將軍富寧安，派遣察哈爾厄魯特蒙古回子兵一千，綠營馬步軍一千，遣往吐魯番，收取歸降回子，以護衛之，此遣派之一千蒙古回子兵，著輝特公巴吉將察哈爾兵以巴爾虎侍衛阿育錫〔註867〕為副都統，會同侍衛克希圖率往，一千綠營步兵著由在富寧安處總兵官內酌情揀派一名率往，以散秩大臣阿喇納為首，總領軍隊，此軍向吐魯番進兵，沿途以原據點為倚靠，妥善防守，見機而行，在汛地之炮酌情攜帶，會同回子等妥善固守城池，蒙古回子軍行走於哨堆，在哨堆行走之侍衛官員酌情率往，由策妄喇布坦處通至吐魯番重要道口處設哨所，屢加探訊，堅固駐防，策妄喇布坦所差使臣及逋逃等有來者，即解送此方，吐魯番既然駐軍，由巴里坤至吐魯番何路設驛站，如何接濟駐紮吐魯番軍糧餉，所設驛站路，固守闌入之路，諸事著將軍富寧安等詳加議請，酌情辦理。由策妄喇布坦處陸續歸來人等，問明所獲訊息，速來報，遇有良機將軍富寧安酌情即行，倘

〔註867〕《平定準噶爾方略》卷七頁三十作一等侍衛阿玉錫。

策旺喇布垣知我軍取吐魯番，兵多前來，既然巴里坤距吐魯番不遠，將軍富寧安即率兵往援剿殺，今歸降我之回子等既然與厄魯特世代爲讐敵，即爲我方之人，將軍富寧安先繕文速發往新歸降回子托克托瑪木特等，爾等因策妄喇布坦暴虐，窘迫不可生存，慕聖主仁化，情願歸降之緣由，我業經轉奏，聖主仁愛爾等誠意歸順，現出兵駐防拯救保護爾等，我軍抵吐魯番期間，從策妄喇布坦處前來使臣遁逃，斷不可加以侵犯阻止，即解送彼方，倘厄魯特等兵少來侵爾等，能執即執拏解送，由策妄喇布坦處若大兵力前來，所獲諸凡訊息，即來報我等，爲此謹奏請旨。

議政大臣署理領侍衛內大臣事務都統兼多羅貝勒臣滿都扈。

議政大臣署理左翼前鋒統領事務火器營大臣兼世子臣弘昇。

議政大臣都統兼輔國公臣延信。

議政大臣護軍統領兼火器營大臣臣宗室色痕圖。

大學士臣馬齊。

議政大臣領侍衛內大臣公臣馬爾賽。

議政大臣工部尚書臣徐元夢。

兵部右侍郎臣查弼納。

理藩院右侍郎臣特古忒。

[367] 川陝總督年羹堯奏陳自京至陝沿路沿路雨水情形摺（康熙六十年六月二十五日）[2]-2933

奏，四川陝西總督加三級紀錄三次臣年羹堯爲奏明事。

竊臣於六月初九日馳驛就道，所過直隸地方皆已得雨，惟順德府城附近數十里雨水未足，自入河南境內，所過磁州衛輝府懷慶府河南府西抵閿鄉縣，俱大雨霑足，小民晝夜耕種，臣於六月十五日過衛輝府，值巡撫楊宗義查糧到彼，臣見其精力充足，實心料理，河南一省可以無慮，臣於六月二十日至潼關衛，知西安附近各州縣皆於六月十五六七三日大雨，入土一尺有餘，已種者苗葉茂盛，未種者現在趕種，臣於馬上目所親見，四野青苗，人心安定，迥非夏初氣象，臣不禁舉手稱慶，益知聖人聞民疾苦，一念憂勤，足以動天地而役鬼神，非虛語也，惟是陝西地方連年未得豐收，今甘霖已需，拮据布種，而乏食者正多，坐待秋成尚須三月，如人患病，病退而身極弱，惟賴滋補之功耳，臣與光祿臣卿臣盧詢現在從長商酌，或買米平糶，或煮粥賑饑，或設法得米，分委各官因地制宜，俟稍有就緒，臣即馳驛赴川，料理完畢，務於七月半前回陝，到任再將所辦賑濟事務逐件奏知，不敢於此時煩勞聖慮，謹繕摺遣四川把總龍有印，馬兵曹朋賚奏以聞。

康熙六十年六月二十五日具。

硃批，知道了，看秋成之後如何。

[368] 川陝總督年羹堯奏爲離京已抵西安恭請聖安摺（康熙六十年六月二十五日）[2]-2934

奏，四川陝西總督加三級紀錄三次臣年羹堯恭請皇上聖躬萬安。

竊臣今年陛見，疊蒙天恩優渥，數十年所未施於臣子者臣身受之，容臣於川省事畢回陝到任之日備悉具疏奏謝外，臣在熱河二十六日，聖慮之深遠，聖衷之焦勞臣得深知，臣心之激切，臣性之愚直亦聖主所洞見，臣身本孱弱，因念委任重大，稍有暴棄，便是不忠，以此自勵，猶能長途奔走，眠食如常，六月二十二日已抵西安，臣陛辭之日聖體初安，一月以來聖主爲天下自愛，諒必調攝復元，起居安健，然臣身奉驅使，遠隔闕庭，惓惓孺慕無有已時，伏望批示使臣得知，臣實不勝瞻戀之至。

康熙六十年六月二十五日具。

硃批，朕安，比先大好些，還弱。

[369] 陝西巡撫噶什圖奏報田禾長勢及錢糧虧空等事摺（康熙六十年七月初六日）[1]-3565

陝西巡撫奴才噶什圖謹奏，爲奴才自西寧抵至西安及地方百姓事。

（恐勞）聖心，故先繕摺具奏外，奴才念主子爲民無時憂慮，訪查該處之民及田禾情形，諸官云仰副聖主仁愛之至意，數次及時落雨，秋禾暢茂，先播者大有指望，（雖）後播之田一旦雨水霑足，亦有大好收成等語。奴才觀百姓今甚安心，再布政使庫之錢糧，諸府州縣之錢糧，奴才秘密詢訪，無不虧空者，惟其中虧欠數額多寡不等，緣由亦不同，官風亦甚劣，奴才稽思，此等惡劣之徒，倘不懲辦數個，則不知懼悔，若普遍參劾，牽涉人甚多，且一旦被參，以至催徵不能[爽利]藏事，國家錢糧反而久被虧空，奴才詳思，仍不得計，暫候總督年羹堯到來，會同詳查虧空情由，周密籌謀如何以利錢糧之處，另行議奏，再奴才恐將主子交付任內之事（耽擱）出錯，憂心盡力，故惟迎主子特差之侍衛、官員及大臣等，請主子安心以外，其他往返行人，奴才概不迎送，務盡能効力，斷不至隱匿事由不利地方，令主子煩惱，惟奴才原本愚懦，經事少，冒犯請奏，請皇上憐愛指教，再奴才仰蒙主子之重恩，所見所聞，雖屬非我任內之事，豈敢不奏聞主子，觀西安滿洲兵仍精良，官員督管之道喪失殆盡，概不成之事，顧及兵丁虛榮，胡亂議請，希圖僥倖，兵丁稱伊善，若不准行，則怨上司，風氣甚劣，因(有關)主子地方之事，一併奏聞。奴才親書。

硃批，此所奏每事甚是，同年羹堯商議甚宜，再西安之滿兵習劣，官員不能督管者非一二年，朕往西安時即如此矣。

[370] 議政大臣弘昇等奏為派兵增援吐魯番摺（康熙六十年七月二十一日）[1]-3566

議政大臣火器營大臣兼署理左翼前鋒統領事務世子臣弘昇等謹奏，為欽奉上諭事。

康熙六十年七月二十日乾清門頭等侍衛喇錫傳旨，阿喇納率兵二千進駐吐魯番者，兵力稍單，咨行將軍富寧安，增兵之處，著議政大臣等擬旨奏覽，火速派遣，欽此欽遵。竊查先散秩大臣阿喇納往鎮吐魯番，率兵二千，兵力稍單，相應依旨火速咨行將軍富寧安，自駐巴里坤兵內酌情充足揀派，增派阿喇納前，率此兵前往時將軍富寧安由駐彼處大臣內揀派，率兵前往，官兵之馬畜糧餉等物富寧安酌情辦理，一面啓程一面奏聞，奉旨後速咨行將軍富寧安，亦行文知照大將軍王可也，為此謹奏請旨等因，於康熙六十年七月二十一日交乾清門頭等侍衛喇錫轉奏。奉旨，依議，欽此。

議政大臣火器營大臣兼署理左翼前鋒統領事務世子臣弘昇。

大學士臣馬齊。

議政大臣火器營大臣兼護軍統領臣宗室色痕圖。

議政大臣領侍衛內大臣公臣馬爾賽。

議政大臣戶部尚書臣孫扎齊。

議政大臣工部尚書臣徐元夢。

兵部右侍郎臣查弼納。

理藩院右侍郎臣特古忒。

[371] 川陝總督年羹堯奏報陝西虧空情由摺（康熙六十年八月初一日）[2]-2946

奏，四川陝西總督加六級紀錄三次臣年羹堯為奏明陝省虧空情由，請旨遵行事。

竊臣自進京陛見往回陝省地方，即聞西延鳳漢四府，興安一州無不虧空錢糧之官，今於七月二十日到任後，留心察訪，已悉其詳，凡此四府一州之府廳州縣共虧空正項銀九十餘萬，而原任布政使薩穆哈〔註868〕虧空司庫錢糧不在數內，其所以積年虧空，久而愈多者，其弊有三，內有錢糧已完，填批起解而銀不上庫，另具借領存案印鞝批迴爲據，此已完而空批作解者，其一。又有錢糧已徵在庫，並不起解，仍作民欠計，康熙六十年必有皇恩可圖蠲免，脫然無累，而不知民間皆執有完票可憑，此已徵而捏作民欠者，其一。更有因原任被參，通判張晟虧空倉糧，代爲分賠，名曰體上急公，此則迎合上司，欲救他人之虧空，因致本任虧空者，又其一。然年復一年竟不上聞者，上下衙門各有費用，結成一局，牢不可破，而撫臣噶世圖〔註869〕甫及到任即赴軍前，不暇清查，所以虧空日深，吏治日壞，而民生不可問矣，除司庫虧空撫臣現在查確會參外，其餘府廳州縣虧空多者六七萬，少亦數千金，若竟置不問，則法紀全無，萬難振刷，若盡行參究，則四府一州所存者不過寥寥新任數員而已，且恐於錢糧終屬無益，臣愚以爲當擇其虧空數少，或居官謹飭，或才能可用不得已而虧空者，姑且從寬，限於一二年內將其本任應得耗羨委道府監收補項，仍不許加耗累民，若居官敗檢，不惜民瘼，虧空最多，任意侵蝕者，立行題參，嚴加追比，即有未完，臣當設法補苴，不使錢糧無着，其所遺員缺，以効力辦事各官選其勞績最著者題補，如此則各官稍知警戒，皆以錢糧爲重，吏治民生兩有裨益也。臣受恩深重，遑惜其他，故知無不言，慮無不盡，第才識短淺，恐有未得其宜，用敢冒昧具奏，至甘肅所屬有無虧空，離省較遠，容臣查確備陳，伏祈聖主睿鑒，即賜批示遵行。

康熙六十年八月初一日具。

硃批，妥。

[372] 川陝總督年羹堯奏爲酌量題補川陝文武員弁摺（康熙六十年八月初一日）[2]-2947

奏，四川陝西總督加六級紀錄三次臣年羹堯爲奏明文武員弁川陝酌量題補，以勵勤勞，以裨營伍事。

竊查西陲用兵，軍前辦事不可乏員，而現任大小各官不敷差遣，陝西則

〔註868〕《清代職官年表》布政使年表作陝西布政使薩睦哈，康熙五十五年至六十一年任。
〔註869〕《清代職官年表》巡撫年表作陝西巡撫噶什圖。

在部候選之員選撥聽用，四川則驗試可用之人咨部効力，皆有就近題補之例，擇其勞績昭著者照品接官，所以重軍務勵人才也，自西招平定，諸務雖減而大將軍王現駐甘川，藏內亦有官兵防守，則奉差辦事尚在需人，分省題補未免缺少，彼軍前効力諸員日久而未得一官，亦將因茲懈體，除外省之現任來陝者事竣回任，候選之情願赴部者給咨赴選外，其有願在軍前仍留効力，而伊等所以自備鞍馬口糧，日久不辭勞瘁者，不過上爲朝廷出力，下爲功名起見耳，臣請於川陝兩省缺出即於兩省之軍前効力人員內通融題補，將見人皆知勸而事易集，至陝甘所屬自古號爲勁兵之所，地方緊要，各處營汛臣固未能遍歷，即就臣標而論，大需整頓，練習步伍，修整器械，料理馬匹，三者缺一不可，由此而推，則各標營非臣一人之心力所能遍及，臣在川最久，武弁優劣知之甚眞，嗣後陝省將備，千總缺出，亦許臣於川省武職內遴選題補，以收臂指之効，以爲進剿之用，蓋與其任人而不知，不若知人而後任耳，況川陝皆臣所屬，初無分於彼此，一年之後，則陝省亦如川省，可以盡悉矣，謹繕摺，遣臣標把總徐宗仁，家人存吉賫奏，伏祈聖主睿鑒批示遵行。

康熙六十年八月初一日具。

硃批，是。

[373] 川陝總督年羹堯奏爲應否仍遵前旨會辦西安駐防公務摺（康熙六十年八月初一日）[2]-2948

奏，四川陝西總督加六級紀錄三次臣年羹堯爲請旨事。

竊惟設官分職，各有責成，而非分相干，便爲越俎，如以臣之愚昧，過蒙聖主擢用，授臣川陝總督，凡應行料理諸事，臣何敢卸責於人，但臣在熱河陛見時曾奉俞旨，西安駐防滿洲官兵一切公務，令臣與將軍及副都統等會同料理，自當欽遵，今新任副都統二員，皆屬聖明特簡，應否仍遵前旨會同料理之處，臣未敢擅便，理合奏明請旨，伏祈聖主睿鑒批示遵行。

康熙六十年八月初一日。

滿文硃批，西安滿兵之習俗甚惡，朕在西安時已悉知之〔註870〕。如長僧等之人甚多，妄議之將軍大臣不准入班。操練軍士時不去，要脅管事衆人，亂生妄語，受怕後才停止，若不將此特別制止，如何用之，爾仍遵前旨，共議行事，此旨亦示喻副都統等。

〔註870〕此文檔滿文硃批爲烏云畢力格先生翻譯，原譯作朕出西域時已悉知之，今改爲朕在西安時已悉知之。

[374] 川陝總督年羹堯奏請以胡期恒陞補川東道員摺（康熙六十年八月初一日）[2]-2949

奏，四川陝西總督加六級紀錄三次臣年羹堯爲請補賢能道員，川陝兩有裨益，仰祈睿鑒事。

欽惟我皇上用人無方，務期實效，臣受恩深重，逾於常格，每思仰體此心，冀有益於民生，如原任四川夔州府丁憂知府胡期恒，才守兼優，賢能素著，經臣奏請帶回川省補用，及至陝西，臣以西安重地，所屬州縣最多，目擊吏治民生亟須整理，又散賑事宜更賴賢能，是以即將胡期恒委署西安府事，數月以來懋著循聲，臣前在成都起身時有四川川東道董佩笈年老請休，臣已會同署撫臣塞爾圖委員查驗，照例取結，至日自當會疏具題，所遺員缺請即以胡期恒陞補，必能整飭地方，仰答聖恩，且臨近陝西，臣亦得委用分巡各郡，辦理緊要事件，除另摺備陳外，伏祈聖主俯允，則川陝兩有裨益矣，理合奏明，統祈聖上睿鑒批示遵行。

康熙六十年八月初一日具。

硃批，是，具題。

[375] 川陝總督年羹堯奏請及時積儲以重巖疆事摺（康熙六十年八月初一日）[2]-2950

奏，四川陝西總督加六級紀錄三次臣年羹堯爲奏請及時積貯以重巖疆事。

竊照陝省所屬幅幀寥濶，西北近邊設立鎮營，星羅棋布，誠爲巖疆重地，然每遇歉收，小民艱窘，以致重煩聖慮，非特兵馬之折糧折料動費帑金，而饑民之議賑議蠲何止百萬，從前原有每銀一錢另收銀三釐，每糧一斗另收糧三合以爲備荒之用，聖主立法可垂久遠，無如向隨正項徵收，不肖有司虧空正項尚且不顧，何有於三釐三合，迨自去歲歉收，今年夏旱，我皇上軫念災民逾於赤子，既賑而復蠲，既蠲而再賑，所費帑銀數倍於歷年三釐三合之數，而愚民每以不得沾此所積銀米爲詞，此則地方官不能仰體聖恩，留此備賑之罪也，爲今日陝省計，惟有澄吏治絕私派清虧空廣積貯爲急，凡臣力之所能，爲職之所當盡者，當與撫臣噶世圖逐件整飭，而積貯一事非可徒托空言，蓋無其財則粟不可積，非其人則事難就理，積貯在官則不肖者易於虧空，積貯民間則強梁者從中侵蝕，而守分之民得沾實惠者鮮矣，惟有仿照義倉之法，及此收成之後，勸民捐輸，不拘多寡，將米糧分貯各鄉，擇鄉里之老成謹慎，身家殷實者二三人專司其事，而官籍其數目，每年出易，則春借秋還，冬借夏還，止許三分之一，遇有水旱不齊，則照現在常平倉之例，地方官具詳督撫，一面散賑一面題報，免其造冊達部，則賑濟最近而發粟甚速也，行其法者獨原任四川夔州府知府胡期恒於前任遵義府通判任內行之，最得其宜，至今遵民賴之，臣所以將胡期恒請補四川川東道，因該道衙門事簡，可留於陝西料理積貯一事，二三年後必有可觀，臣非敢自信必能辦此重大之事，緣受恩深厚，惟知竭力以求有裨於救荒之道而已，是否可行，理合奏明，伏祈聖主睿鑒批示遵行。

康熙六十年八月初一日具。

硃批，義倉之法，一州一縣小處則可，若論通省，似乎難行，萬分留心，可則行之，不可即止。

[376] 川陝總督年羹堯等奏為奏明賑濟情形摺（康熙六十年八月初一日）

[2]-2951

奏，四川陝西總督加六級紀錄三次臣年羹堯，光祿寺卿臣盧詢為奏明賑濟情形，仰祈睿鑒事。

竊惟陝省連年歉收，今歲春夏亢旱，蒙皇上蠲賑兼施，有加無已，而又給發內帑銀二十五萬兩令臣等會同散賑，一入陝界饑民扶老攜幼，夾道歡迎，彼時正在六月，若天不降雨，臣等雖竭力料理，費盡帑金，不過補救於什一，通省民心尚難安集，所恃聖主焦勞，上格天心，連降甘霖，民情大定，田畝之已種者勃然而興，未種者及時補種，今皆暢茂，可望秋成，而窮民之難於度日者不過閏六月七月八月之間數月而已，通省饑民望賑甚切，臣等不敢辜負聖恩，是以發銀購買糧食，減價平糶，又念無力買米者終難枵腹以待秋收，則煮粥賑濟，且酌開捐例以為賑濟之用，因此米價漸平，更有如直隸督臣趙弘燮一聞恩旨發帑施賑，即遣員解銀二萬兩刻期赴陝，上體九重愛民之心，下周鄉里災黎之急，正得其用，其餘或捐銀或捐米，尚不乏人，俟停賑之日造冊題請議敘，今現在減價平糶與煮粥米糧皆係收捐銀米，而原發內帑二十五萬兩之數猶未動用，是西鳳等府賑濟情形成局如此，臣羹堯已經到任，自可接續料理，但甘屬各處原係漕臣施世綸分遣部院各員會同地方官散賑，或有未協，應行料理之處，非臣詢親往不可，臣等已備細面商，即當起程前往，理合奏明，伏祈皇上睿鑒施行。

康熙六十年八月初一日具。

硃批，知道了。

[377] 川陝總督年羹堯奏爲保舉重慶鎮等處員缺事摺（康熙六十年八月十五日）[2]-2954

奏，四川陝西總督加六級紀錄三次臣年羹堯爲遵旨奏明事。

竊查四川重慶鎮臣胡琨弓馬既不嫻習，營伍漸致廢馳，經臣陛見面奏，奉旨，調來陛見，俟有副都統缺出補用，臣已欽遵行調胡琨，遣員隨同進京，善摺奏明外，如胡琨果以副都統補用，則重慶鎮員缺自應聽候聖主聖簡用，臣又何敢置喙，但領兵克平西藏，武臣多沐天恩，不次超擢，臣查四川化林協副將楊盡信始則委其護運兵糧，行至木魯烏蘇，繼則平逆將軍臣延信見其才猷可用，委領前鋒，平藏之後，領兵駐防，身在絕域，一載有餘，頗著勘勞，可否即以楊盡信陞補重慶鎮總兵官，如蒙恩允，則化林副將原爲西爐之鎖鑰，例應揀選題補，向有成案，臣又何敢煩瀆宸聰，然臣受恩深重，迥異尋常，前往熱河陛見時親承訓旨，欲將西海蒙古部落悉照北邊分編佐領，此我皇上深謀遠慮爲億萬年計久安長治之意也，是非陝西之西寧鎮、四川之松潘鎮兩得其人不可，並非久在邊陲，有駕馭之才，威遠之略者亦不可，蓋此事所關甚大，既將集事，先在得人，查有松潘鎮屬漳臘營遊擊周瑛生長邊方，熟諳番情，臣在川年久，深悉其才略眞可獨當一面，所以從前鐵布生番一案，臣獨委以剿撫之事，果兵臨而事就，不煩再舉，口外番部畏其威而服其信者遠勝於鎮臣，即上年糧運出口雇買牛馬，往來催趲，甚得其力，川省原有越銜題補之例，請以遊擊周瑛陞授化林協副將，該協缺官已久，目下既可資其彈壓，將來若任以松潘總兵，庶不嫌於蹴等，而西海分編佐領一事必有成效，臣蒙聖主委託，任大責重，不得不薦人以輔臣之不逮，或令臣照例題補，或竟特旨補授，理合奏明，伏祈聖主批示，密封發臣遵行。

康熙六十年八月十五日具。

硃批，照例具題。

[378] 前鋒統領穆克登奏聞由特斯河至巴里坤日期摺（康熙六十年八月二十五日）[1]-3567

奴才穆克登〔註871〕俯伏敬請聖主萬安。

奴才於閏六月十八日自特斯河啓程，沿途於水草豐美處牧養馬駝緩行，八月二十四日抵達巴里坤，馬駝俱肥，諸凡行走無耽擱處，奴才於特斯河啓

〔註871〕《欽定八旗通志》卷三百十八作左翼前鋒統領穆克登。

程時奏請，抵達巴里坤後請於軍前効力等因奏准，仍委前鋒統領，若有効力
之處，則行於前，復參予不相稱之議政，末等奴才聞此旨，亦無言以奏，謹
謝恩，現遵旨將滿洲綠營兵交付奴才，往吐魯番阿喇納前，遇有機會則前進
効力，爲此謹奏。

硃批，朕體安，氣色亦甚好，現爾等既抵効力處，望立大功，凡事同心
一體而行，斷不可以朕意、朕軍而分隊，將朕旨銘記於心而行，何功不能，
準噶爾人甚奸詐，宜多加防備，朕所批之處，命阿喇納等閱，蒙古人等俱閱。

[379] 川陝總督年羹堯等奏參甘肅侵蝕銀兩之知縣等員摺（康熙六十年八月二十八日）[2]-2955

奏，四川陝西總督臣年羹堯，光祿寺卿臣盧詢爲據實奏參事。

竊惟發帑賑濟原屬聖主特沛之恩，而散賑諸員自宜仰體愛民之典，務使
窮民得沾實惠，祇以漕臣施世綸駐箚西安，居中料理，未獲分身親往，是以
甘屬各府遣員散賑，其中固不乏奉公守法之人，而不肖者或竟從中侵蝕，臣
等前已得之風聞，未有確據，故面商臣詢不可不親往甘屬各府逐加查察，行
次中途喧傳鞏昌府屬之會寧縣有前署縣事効力知州李德榮侵蝕散賑銀兩，即
行洮岷道童華祖率同現任知縣施廷元確查實情，今據回稱，訊據經承吳亮揆
供稱，前署事李知州因散賑部員未到，先散一月賑銀，於閏六月十二日與通
縣十二里，散十二天賑銀共四千三百三十餘兩，已經分給饑民，又於閏六月
十六日分散十八天，賑銀共六千五百餘兩，俱令各里鄉約繳還，有朱家里一
甲鄉約楊尚小的眼見他繳進去的，質訊楊尚，據供先發十二天賑銀，朱家里
一甲是三十三兩有零，俱散與衆人了，找發十八天賑銀四十三兩有零是署事
李老爺的管家劉二叫小的去，說各里的銀子都繳了，你爲甚麼不繳呢，小的
無奈只得將續領的四十三兩多銀子繳還是眞等情，據此供情則前署會寧縣事
李德榮侵扣散賑銀兩確有可憑，已經署甘撫臣花善〔註872〕會疏糾參在案，而
臣等又聞李德榮之敢於侵扣者皆由散賑之工部主事覺羅西倫於濫索供應之
外，立賑規名色勒索李德榮銀一千二百兩，奉委協賑之都司溫安海亦勒索李
德榮賑規銀八百餘兩，所以李德榮竟敢公然侵扣，肆無顧忌也，但聞甘屬自
藩臬以下上下雷同，發彼審追，恐未能遽得確情，而覺羅西倫又係奉旨發賑
之部員，豈肯遽認，應請明旨，俟臣詢回西安與臣羹堯將一干官犯提赴西安

〔註872〕《清代職官年表》巡撫年表作甘肅巡撫花鄀。

會同嚴審，則侵扣畢露，而部員與都司之有無勒索，眞情亦難掩飾矣，臣等蒙聖主委託之重，不敢徇情顧忌，理合參奏，伏祈皇上睿鑒批示遵行。

康熙六十年八月二十八日具。

硃批，是。

[380] 陝西巡撫噶什圖奏請將各府州縣倉庫錢糧查明摺(康熙六十年八月三十日）[1]-3568

陝西巡撫奴才噶什圖謹奏，爲請訓諭事。

查錢糧關係緊要，今陝西全省府州縣倉庫舊存，新收及現用之錢糧數額甚爲不明，奴才詳查此不明之處，諸府州縣於此六年所用錢糧竟無奏銷，且正式地方官員往軍旅後，或州縣一年內數官更署，或官兼理數處印務，將轉交銷算事不存於心，蓋藉故推遲二三年不交者甚多。此俱歷來之宿弊，雖往軍營遣差之官員親往，而驗看文冊，查轉交倉庫，銷算之事無不可辦理之處，奴才若按布政使所報照例參劾，事務重迭，錢糧亦不得明白，以至益加日久，奴才愚見，官員轉交之事，不比銷算錢糧重要，錢糧明白後，易於轉交，既然如此，將前六年尚未奏銷之錢糧，現嚴飭布政使，速逐一計算，一面將一年者銷算後，應轉交之官員不可藉故取巧，且銷算事轉交事俱可明白。奴才伏請此間將地方愆期尚未轉交之官員，暫依緩例停止參劾，俟錢糧徹底查明後，奴才再細分，將應參奏者依次嚴加補參，治以重罪，將此完結後，復按舊例遵行可也，奴才會同總督年羹堯議奏，請主子訓諭後，謹遵施行，爲此祈請訓諭謹奏。奴才親書。

硃批，爾此奏者甚是，惟項目甚雜，務秉公無私則善。

[381] 川陝總督年羹堯等奏明甘屬賑濟情形摺（康熙六十年九月十二日）[2]-2956

奏，四川陝西總督臣年羹堯，光祿寺卿臣盧詢爲奏明甘屬賑濟情形，仰祈睿鑒事。

竊惟甘屬四府去歲秋禾被災，經漕臣施世綸查明，動帑賑濟，此誠我聖主視民如傷子，子惠元元之至意也，迨漕臣奉旨回任，其未完事件俱交臣羹堯辦理，臣等慮不肖有司從中侵扣，致使聖恩不能下究，是以向商臣詢，親往平慶臨鞏四府查察散賑情形，經歷州縣衛所，其已經領賑者莫不衢歌巷舞，共沾聖德之高深，尚有續賑者亦各扶老攜幼，仰望天恩之普被，臣詢雖見禾黍被野，時當八月，秋成在即，而窮民望澤甚殷，未敢遽令停止，使聖主之恩或有不均之嘆也，乃聞不肖之員竟有侵蝕賑濟銀兩者，以救荒之公帑飽貪婪之私壑，聖諭先見早已及此，上既負聖天子之恩膏，下不顧千萬人之隱痛，貪縱無忌，無以復加，臣等受恩深重，不敢徇私，前已將勒索賑規之主事覺羅西倫、都司溫安海據實參奏，今又訪有侵扣賑荒及籽粒銀兩者，如署平涼鹽茶同知事候補提舉周源，現被府廳詳揭，繕疏題參，請旨革職究追在案，嗣後如有此等或訪查得實，或被人告發，仍當一面參究，一面提審，庶幾錢糧得有着落，斷不敢避嫌徇縱，致長貪風，理合奏明，伏祈聖主睿鑒施行。

康熙六十年九月十二日具。

[382] 議政大臣滿都厗等奏為官員調遣辦理軍餉事摺（康熙六十年九月十三日）[1]-3572

議政大臣都統兼署理領侍衛內大臣事務多羅貝勒臣滿都厗等謹奏，為欽奉上諭事。

據總督鄂海奏文稱，奉旨命臣前往甘州地方，辦理撫遠大將軍王處糧餉事務，欽此欽遵，將由西安地方啟程前來日期另行奏聞外，臣於八月二十七日抵至甘州地方，供給駐甘州地方官兵糧餉事，會同巡撫綽奇核計，另行具奏外，臣計算所行路程，甘州至西寧一千二百里餘，蘭州至西寧五百里餘，復查得前奉旨，著巡撫綽奇駐肅州，由肅州地方不能趕辦西寧地方糧餉事務，故遣派原侍郎色爾圖在案，今西寧地方駐滿洲官兵，又駐柴達木官兵，既然每月有領取餉米等項，按察使巴襲〔註873〕等無具奏之責，倘有不足之項，以至增取，陳情商議，則往返有二千四百里餘，軍需者關係重大，一時不可耽延，既然如此，或就近交付署理蘭州巡撫事務花山〔註874〕，或交付駐西寧理藩院侍郎常授〔註875〕，應否會同按察使巴襲等辦理之處，祈聖主睿鑒指示，為此謹奏請旨，康熙六十年九月十二日乾清門頭等侍衛喇錫轉奏。奉旨，交議政處，欽此欽遵。

臣等會議得，據總督鄂海奏文稱，臣除將辦理駐甘州官兵糧餉事務，會同巡撫綽奇詳核另奏外，臣核計由甘州至西寧千里餘，由蘭州至西寧五百里餘，現西寧地方駐滿洲官兵，又駐柴達木地方官兵每月既然有領取餉米等項，

〔註873〕 《清代職官年表》按察使年表作甘肅按察使巴襲。
〔註874〕 《清代職官年表》巡撫年表作甘肅巡撫花鄀。
〔註875〕 《清代職官年表》滿缺侍郎年表作理藩院右侍郎常授。

按察使巴襲等無具奏之責，倘有不足之項，以至增取，陳情商議，往返二千里餘，不可一時耽延，或就近交付署理蘭州巡撫花山，或交付駐西寧理藩院侍郎常授，請會同按察使巴襲等辦理等情，竊查汛地糧餉事務地方事務均甚要，既然署理巡撫花山人平庸，不能辦事，即召回，將巡撫綽奇召來蘭州辦理其巡撫事務，辦理西寧、柴達木等處軍餉，遣總督鄂海往肅州，辦理軍餉事務，若遣侍郎札克丹〔註876〕往肅州，既然大將軍王前無人，留於甘州，管理糧餉事務可也，為此謹奏請旨，於康熙六十年九月十三日交乾清門頭等侍衛喇錫轉奏。

奉旨，依議，欽此。

議政大臣都統兼署理領侍衛內大臣事務多羅貝勒臣滿都扈。

議政大臣火器營大臣兼署理左翼前鋒統領事務世子臣弘昇。

大學士臣馬齊。

議政大臣火器營大臣兼護軍統領臣宗室色痕圖。

議政大臣領侍衛內大臣臣公馬爾賽。

議政大臣戶部尚書臣孫札齊。

議政大臣工部尚書臣徐元夢。

兵部右侍郎臣查弼納。

理藩院右侍郎臣特古式。

[383] 議政大臣滿都扈等奏為調兵進剿策妄喇布坦摺（康熙六十年九月十三日）[1]-3573

議政大臣都統兼署理領侍衛內大臣事務多羅貝勒臣滿都扈等謹奏，為欽奉上諭事。

據靖逆將軍富寧安奏文內開，准行在兵部咨稱，康熙六十年八月初四日乾清門頭等侍衛喇錫傳諭旨，為阿喇納攻取吐魯番軍力單薄，頃由議政處議，命將軍富寧安酌情派兵，欽此。今據阿喇納書稱，僅我此力鎮守哈喇和卓有餘，即使策妄喇布坦率整部前來，亦無可奈何，甚堅固，臣請自十月雪季乘伊不備，征伐哈喇沙爾或珠勒圖斯或額倫哈畢爾罕、瑪納斯等處，急速取之而來，有機即可剿毀策妄喇布坦，再往我處遣精兵二千，既稱不耽擱行軍，著增派富寧安軍士三四千，此派遣之軍中，副都統穆克登、貝勒丹津多爾濟、

〔註876〕《清代職官年表》部院滿侍郎年表作兵部左侍郎渣克旦。

和托輝特台吉圖巴〔註877〕、扎薩克台吉托莫克等率領之軍，抵達巴里坤，則遣派伊等之軍，伊等方抵達，馬畜疲憊不可料定，更換駐軍肥壯馬畜，堅決遣之，擬旨奏覽，咨送富寧安處，欽此欽遵，除咨呈大將軍王外，爲此咨行等因，康熙六十年八月二十一日到來。

　竊查先奴才欽遵上諭，命京城護軍騎兵，西安騎兵一千二百，綠營兵八百，共揀派二千，交付副都統莊圖〔註878〕，於八月十六日啓程遣之，於八月十三日奏聞，今復欽奉增派兵士諭旨，在委前鋒統領穆克登所率索倫、達呼爾、烏拉五百兵丁內，除留兵士五十牧放伊等多攜之馬畜外，所遣之軍四百五十，扎薩克貝勒丹津多爾濟、扎薩克台吉托莫克、和托輝特台吉圖巴等率來之喀爾喀兵士三百八十六名，除此八百三十六名滿蒙兵外，揀派京城護軍一百，鳥槍護軍一百，騎兵一百，鳥槍騎兵一百，綠營兵七百六十，共爲兵丁二千，以此相應差足營長等官員，此滿洲綠營兵俱交付委前鋒統領穆克登遣之，命將喀爾喀等兵士交付貝勒丹津多爾濟遣派，先阿喇納既攜炮四十門，副都統莊圖攜炮十門，以此復遣送炮十門，除責交各所管大臣等，前往官員俱照數攜帶軍馬器械彈藥等項外，責交委前鋒統領穆克登，爾所率往之滿洲綠營官兵馬畜，諸般兵器甚爲齊整，照數攜帶，所備施放三百次鳥槍之彈藥等項，亦俱攜帶，不可欠缺，炮之彈藥亦多攜帶，沿途妥善防守，擇水草豐美處愼牧馬畜，亦責交貝勒丹津多爾濟等，詢問委前鋒統領穆克登、貝勒丹津多爾濟、台吉托莫克、圖巴等，據稱伊等率來軍馬俱肥壯，故此未更換馬畜，現往官兵照依二次往吐魯番等處官兵，俱供給二月米，各一月廩饎羊，擇吉日於九月初三日自巴里坤啓程遣之，竊查散秩大臣阿喇納爲首往吐魯番軍中，委前鋒統領穆克登、扎薩克貝勒丹津多爾濟既然俱在議政處，俟抵吐魯番後，仍以散秩大臣阿喇納爲首，會同穆克登、丹津多爾濟商議。再阿喇納處有侍衛、護軍等四名，征伐時巡哨，躡蹤等事，倘有不足，由駐闊舍圖委前鋒統領法瑙等處侍衛內，率二名以用。再將赴軍營大臣，滿蒙綠營官兵之名銜，造清冊送往兵部，將此除呈文大將軍王外，亦行文散秩大臣阿喇納、委前鋒統領法瑙等語。又據奏文稱，阿喇納處兩次共遣派兵士四千，交付副都統莊圖、穆克登，增派吐魯番之處，另奏聞外，竊查散秩大臣阿喇納先率往兵士，後增派兵士，現遣派兵士合計共六千，阿喇納率此兵士，自十月乘

〔註877〕《平定準噶爾方略》卷九頁七作和托輝特公博貝弟台吉圖巴。
〔註878〕《欽定八旗通志》卷三百二十四作蒙古正白旗副都統莊圖。

冰雪季節賊匪不備時征伐哈喇沙爾、珠勒圖斯或額倫哈畢爾罕、瑪納斯等處，則此兵力雄厚，倘有良機，深入剿毀策妄喇布坦，則念兵力稍單，然準噶爾叛匪懼，將駐邊界人衆俱收歸一處率往，聞進伐，乘空虛之際暗遣兵侵襲兵尾，不可料定，再軍事乃乘機而行，不可遲慢，阿喇納進伐倘有良機深入則力單，視消息至，再由巴里坤兵士往，路途遙遠，不能適時抵達，且若急行，馬畜亦不堪受，竊查現委前鋒統領法瑠，侍衛哲爾德等率兵士一千二百駐闊舍圖、鄂羅吉處，伊勒布林和紹等處既然水草暢茂，以此復增派兵士二千八百，共爲四千，進駐伊勒布林和紹等處，攜炮五十門，多攜出鳥槍，以此既有調兵應行之處，富寧安我親率此四千兵士，十月初啓程，往駐伊勒布林和紹，以此著滿蒙綠營大臣及侍衛等，酌情率領，此路回子等既知，哈密回子遣兵二百，扎薩克額敏共同率領，除此四千兵士外，由在巴里坤一萬一千餘兵士復遣派三千，現成已備，留於巴里坤兵士既然仍多，留都統穆森〔註879〕統轄兵士，酌情留大臣、侍衛等以備，俟阿喇納率領征伐博克達山之安圖方面珠勒圖斯、哈喇沙爾等處日期報來後，奴才按阿喇納啓程日期率兵候訊，餵養馬畜，向博克達山陰，烏魯木齊方面緩進，以施軍威，倘有良機阿喇納進伐，視訊至，奴才率兵入阿喇納軍尾前往，復有軍需處，奴才按所報，或惟調用所備三千兵，復另有多調取之處，決定後火速行文穆森，穆森率留後之大臣等，率兵火速進入奴才兵尾，合力征討剿殺，倘賊匪來侵奴才地方，賊力若寡，即擊斬之，倘賊來力強，奴才所率兵四千火器多，毫無可慮處，一面堅固營壘一面火速行文阿喇納、穆森，穆森等率來大軍，阿喇納等復來圍敵尾，兩面夾擊，即剿滅已來賊匪。阿喇納征伐，因無良機，急速收兵返回，視訊到，奴才率兵餵養馬畜從容返回，抵烏蘭烏蘇地方後，原駐闊舍圖、鄂羅吉地方一千二百兵，仍交付委前鋒統領法瑠、侍衛哲爾德，照常駐紮闊舍圖、鄂羅吉等處外，奴才率餘兵前來巴里坤，奉旨後，如何供給米糧餉，兵尾設驛站等處，奴才酌情辦理，啓程日期另奏聞，爲此謹奏請旨，康熙六十年九月十二日乾清門頭等侍衛喇錫轉奏。奉旨，交議政處，速議奏，欽此欽遵。

臣等會議得，據靖逆將軍富寧安奏文內開，先增派吐魯番兵士，奴才將京城護軍、騎兵、西安騎兵、綠營兵揀派二千，交付莊圖啓程遣之等因奏聞，今復由委前鋒統領穆克登所率索倫、達呼爾、烏拉五百兵內所遣派兵士四百

〔註879〕《欽定八旗通志》卷三百二十四作蒙古鑲黃旗都統穆森。

五十，揀派貝勒丹津多爾濟、台吉托莫克、圖巴等率來喀爾喀兵三百八十六，京城護軍一百，鳥槍護軍一百，騎兵一百，鳥槍騎兵二百，綠營兵七百六十，共兵士二千，以此遣派相應營長等官員，將此滿洲綠營兵俱交付委前鋒統領穆克登遣之，將喀爾喀等兵交付貝勒丹津多爾濟遣之，以此復遣十門炮，交付各該管大臣等，著前往之官將軍馬、畜、武器彈藥等項俱照數攜帶。委前鋒統領穆克登、貝勒丹津多爾濟、台吉托莫克、圖巴等軍馬畜俱肥壯，未更換馬畜，依先往之官兵俱各供給二月米，一月廩饟羊，由巴里坤啓程遣之。委前鋒統領穆克登、貝勒丹津多爾濟既俱在議政處，抵達吐魯番後，仍以散秩大臣阿喇納爲首，會同穆克登、丹津多爾濟商議。再阿喇納處有侍衛、護軍等四名，巡哨躡蹤等處倘有不足，由駐闊舍圖委前鋒統領法瑙等處侍衛內率二名用之等語。又據奏文稱，散秩大臣阿喇納先率往之兵士，後增派之兵士，現遣派之兵士合計共六千，阿喇納率此兵，自十月冰雪季節乘敵不備，征伐哈喇沙爾或珠勒圖斯或額倫哈畢爾罕、瑪納斯等處，則此兵力充足，倘有良機，深入剿毀策妄喇布坦，則兵力單薄，然準噶爾賊匪懼，將駐邊界人衆俱令向內收攏一處，聞進伐，乘空虛之際暗遣兵侵襲兵尾，不可料定，相機而行，現著委前鋒統領法瑙、侍衛哲爾德等率兵一千二百，駐紮闊舍圖、鄂羅吉地方，既然伊勒布林和紹等處水草暢茂，以此復增派兵士二千八百，共爲四千，進駐伊勒布林和紹等處，以此攜出炮五十門，多攜鳥槍，以此既然有調兵應行之處，富寧安我親率此四千兵士，十月初啓程，往駐伊勒布林和紹，阿喇納等進入，視訊抵，奴才率兵入阿喇納兵尾而往，留巴里坤兵士既然仍多，則留都統穆森督管，復有用兵之處，咨行穆森，進伐後急速收兵返回，則有訊奴才率兵，返回至巴里坤，如何撥給米廩饟，兵尾設驛站等處，奴才酌情辦理等語。適纔奉旨，策妄喇布坦自去年收攏邊界衆人，將吐魯番回子遷至哈喇沙爾，由阿勒泰、烏魯木齊等處平靜無訊觀之，有稱策妄喇布坦已死亡者，然不可以此爲眞，據將軍祁里德奏稱，倘策妄喇布坦死亡則不可失此機，將兵士現成備妥等情，繕書咨行大將軍王、富寧安、傅爾丹、祁里德，策妄喇布坦亡與未亡相同，我等稔知策妄喇布坦事，依原議，今年惟固守吐魯番地方爲要，應從阿勒泰、吐魯番方面勤探哨所訊息，今值多雪季節，草枯乾之際，唯恐各自冒功，輕易深入，今年將兵士馬畜諸項整頓堅固，爲來年大軍進伐，故議政大臣等擬旨奏覽遣送，將軍富寧安遣兵往吐魯番，其親率兵乘機而行所辦理者甚周，諸事俱依富寧安所奏爲之，今值多雪季節，惟乘機征伐近處而已，不可輕易深入，將此咨行將軍富寧安，轉咨行阿喇納，征伐後即急速返回之處，亦行文大將軍王可也，爲此謹奏請旨，於康熙六十年九月十三日交乾清門頭等侍衛喇錫轉奏。

奉旨，依議，欽此。

議政大臣署理領侍衛內大臣事務都統兼多羅貝勒臣滿都扈。

議政大臣署理前鋒統領事務火器營大臣兼世子臣弘昇。

大學士臣馬齊。

議政大臣護軍統領臣宗室色痕圖。

議政大臣領侍衛內大臣公臣馬爾賽。

議政大臣戶部尚書臣孫札齊。

議政大臣工部尚書臣徐元夢。

兵部右侍郎臣查弼納。

理藩院右侍郎臣特古式。

[384] 川陝總督年羹堯奏舉甘肅鞏昌布政使等員缺摺（康熙六十年九月十六日）[2]-2957

奏，四川陝西總督加六級紀錄三次臣年羹堯爲請旨事。

竊查鞏昌布政使折爾金，署鞏昌按察使傅善因會寧縣散賑一事，彼此詳訐，致署甘撫臣花善會疏題參，解任質審，臣到任未及兩月，聞折爾金與傅善居官不職，遇事需求，道路喧傳，固不止會寧散賑借領籽粒一節，有徇私需索之事也，祇以布按爲通省大僚，而傅善係九卿署事，臣甫經到任，惟有整躬率屬，俟其自悛，所以未敢遽行入告耳，今既被劾，則其人之劣跡亦已彰明較著，而同僚互揭，傳之各省，實有玷於官箴，是折爾金與傅善斷難一日姑容於官民之上也，臣現在咨會署撫臣將折爾金、傅善印信摘取，遴員委署外，但甘屬自兩司而下，上下雷同，合成一局，吏治之不堪較甚於陝屬，是非得才守兼優之兩司，夾輔署撫臣，力爲振刷，未易改其積習。況用兵數載，錢糧亟宜清理，則布政一缺尤須久於外任，歷練老成之員方可勝任，臣查有直隸守道李維鈞才守兼優，辦事明敏，又江西按察使石文焯歷任衝繁，素稱練達，皆謹飭可用之員，伏祈聖主於此二員內簡用一員，俾任鞏昌布政使，令其速赴任所，必能奉職惟謹，釐剔積弊，清理錢糧。臣受恩深重，知無不言，而與石文焯、李維鈞並非親識故舊，亦非同事屬員，緣素聞其才守，爲地方用人起見，故敢冒昧奏請，伏祈聖主睿鑒俯允施行。

康熙六十年九月十六日具。

滿文硃批，直隸總督身體有恙，一切事務皆仰李維鈞，故不可派遣此人，石文焯有德之官，人盡皆知，因地稍近，朕遣其往福建，故亦不可派遣，爾若有所知人選，即上奏，速遣。

[385] 川陝總督年羹堯奏陳西安欺隱捐銀案內涉及督撫大員摺（康熙六十年九月十六日）[2]-2958

奏，四川陝西總督加六級紀錄三次臣年羹堯爲請旨事。

竊查西安府革職知府徐容，鳳翔府革職知府甘文焜欺隱捐納銀兩，經漕臣施世綸參奏，奉旨革職，交前督臣鄂海嚴提究擬，久未查審，臣到任後即行布按二司會同嚴究，今據署布政司事郎中塔琳〔註880〕，署按察司事郎中馬喀詳稱，審據徐容、甘文焜供稱，前督院家人魏二、蔡大雷，二幕賓朱性本、陳子和及原任布政使薩穆哈〔註881〕與家人馬二，幕賓嚴堂等或取用米價，或空發官生姓名捐納，又原任武功縣知縣章紳欠交捐銀，是以各有虧缺等語。該兩司以捐納錢糧俱關國帑，豈容伊等私侵，而薩穆哈恃有職銜在身，未便嚴鞫，詳請參革，並魏二等亦須咨提來陝，方可質訊等情，臣思薩穆哈爲通省大員，其果否取用米價，空名報捐亦必俟其家人馬二到案，質訊明確，方可參革，況前督臣鄂海身爲大臣，其家人幕賓侵漁捐項似未便遽登於章奏，但西鳳開捐，軍糈備賑兩有攸賴，事關重大，而院司之家人幕賓任意侵蝕，理難輕縱，致使數萬國帑終歸無着，然一經提訊，恐無罪止及於家人等而全不干涉伊主之理，今雖現在分咨提取魏二等來陝審追，萬一庇匿不出，則此案終難審結，應否據詳題參之處，臣未敢擅專，相應備陳請旨，伏祈聖主睿鑒俯賜批示，仍然原摺發回，以便遵行。

康熙六十年九月十六日具。

滿文硃批，現今正當兵馬錢糧使用之際，參劾大員如是之多，涉人無數，恐致不便，祇是錢糧之事體大，似應請旨派大臣審問。

[386] 阿喇納等請安摺（康熙六十年九月二十五日）[1]-3575

奴才阿喇納等跪請聖主萬安。

奴才阿喇納。

〔註880〕《平定準噶爾方略》卷十頁十九作西安布政使塔琳。

〔註881〕《清代職官年表》布政使年表作陝西布政使薩睦哈，康熙五十五年至六十一年任。

奴才莊圖。

奴才阿玉希〔註882〕。

奴才楊昌泰。

奴才巴濟。

奴才克希圖。

硃批，朕安，爾等此次出兵，大敗敵軍，敗策妄喇布坦之功非易，朕甚嘉尚，旌賞爾等所遣之人，乘朕之侍衛、章京遣往之便問爾等好，隨賞朕所服之衣，爾等既經大戰，通曉敵情，對敵之情形，難易之處，詳細繕摺奏呈。

[387] 穆克登奏報啟程及到達哈喇和卓日期摺（康熙六十年九月二十五日）[1]-3576

奴才穆克登俯伏敬請聖主萬安。

奴才於九月初三日啟程，沿途保護哨堆，於水草旺盛處牧養馬畜而來，奴才所率二千兵丁跟役馬畜俱於二十一日安抵哈喇和卓，為此謹奏。

硃批，朕體安善，爾等抵達者甚巧妙熟諳，甚好，再爾已親自抵達，既熟悉地方，僅就爾所知情形，繕摺密奏。

[388] 川陝總督年羹堯奏請以傅德補授西安糧道摺（康熙六十年十月十三日）[2]-2959

奏，四川陝西總督加六級紀錄三次臣年羹堯為奏陳下悃，仰祈睿鑒事。

竊照西安糧道管理通省民屯收支米豆草束，責任甚重，前道祖允焜任意虧空，不敷支放，值時價騰貴之際，不得不動帑折給，以致耗費錢糧，已經會疏題參，所遺員缺，亦於請補各官之疏內聲明，特懇聖主簡用在案，臣又何敢置喙，然臣受恩深重，惟以得人任事為念，無論滿洲漢軍漢人但有可用之才，知無不言，在人或忌臣為攬權，在臣固藉此以報國也，查有散賑來陝之戶部主事傅德，青年明敏，在部素號才能，一切散賑事宜絲毫不苟，民沾實惠，其行己有恥，文理優通，尤為人所難及，若蒙聖主俯允，即以傅德補授糧道，非但可免虧空，而經理得宜，兵民必受其益。臣荷皇上知遇之隆，世所罕有，凡有奏請，無一不蒙俞允，是此格外之恩綸，即為威權之所屬，臣雖至愚，豈不知畏，豈不知避，但每薦一人，或舉一事，沉思靜揣，明知

〔註882〕《平定準噶爾方略》卷七頁三十作一等侍衛阿玉錫，卷九頁十二巴爾虎侍衛阿玉錫授為副都統。

非此不可，而銳志果行，人臣所戒，慮滿持盈，往往踟躕數日不敢遽達聖主之前，甚致連夜不寐，究竟於事無補，是以決意將臣苦衷上陳天聽，自茲以後，臣之所請是非可否，臣料不能盡善，但自信無私，益加敬慎，若所言不至大謬，固邀俞允，倘有未合，即求天恩嚴加訓誨，或賜處分，臣所甘受，秦蜀兩省事務殷繁，苟全祿位而廢政誤事，不惜身命而察吏安民，臣籌之熟矣，用敢冒昧據實奏明，伏祈聖主睿鑒施行。

康熙六十年十月初一日具。

硃批，已有旨了，糧道另奏。

[389] 川陝總督年羹堯等奏請欽派大員來審徐容虧糧案摺（康熙六十年十月十三日）[2]-2960

奏，四川陝西總督加六級紀錄三次臣年羹堯為恭謝天恩，再陳下悃事。

竊惟參革西安府知府徐容，鳳翔府知府甘文煊虧空捐納倉糧一案，臣催令布按兩司會審，據詳供出前督臣並原任布政司家人，臣以錢糧關係甚重，不避嫌怨，據實奏明，伏請聖訓，乃蒙皇上弘慈備細指示，使臣此身得免為結怨之府，而公事亦可完結，似此隆恩直同天高地厚，寸心感謝，豈能言喻，謹遵諭旨，另疏具題，請欽點大臣赴陝審明定案，查部院大臣皆聖主所簡任，臣又何敢再置一詞，然惟戶部尚書臣田從典，工部尚書臣徐元夢，左都御史臣朱軾皆能不受請托，秉公無私，伏乞於此三大臣內欽點一員來審徐容等一案，則錢糧既有着落，而大案亦得早結矣，理合密陳，伏祈聖主睿鑒施行。

康熙六十年十月十三日具。

硃批，已有旨了。

[390] 阿喇納等請安並表同心協力効力摺（康熙六十年十一月二十四日）[1]-3582

奴才阿喇納跪請聖主萬安。

再委前鋒統領穆克德恩〔註883〕摺內，奉硃批，朕體安，氣色亦甚好，現爾等既抵効力之處，期建大功，凡事同心協力而行，斷不可因朕意、朕兵另行編隊，銘記朕旨行事，何功不成，準噶爾賊衆甚詭詐，應益加防備，朕此批之情由，令阿喇納閱，令衆蒙古均閱之，欽此。硃批旨到，奴才等見手諭，

〔註883〕《欽定八旗通志》卷三百十八作左翼前鋒統領穆克登。

聖主體安，金顏甚好，不勝歡忭，望闕謝恩，再聖主之教誨，同心協力而行，乃爲奇旨，奴才等銘記於心，同心協力，盡能効力，爲此恭謹奏聞。

奴才阿喇納。

奴才穆克德恩。

奴才丹津多爾濟。

奴才莊圖。

奴才阿玉希。

奴才克希圖。

奴才楊昌泰。

奴才巴吉。

奴才佟莫克。

奴才圖巴。

硃批，朕體安，朕晝夜所思者，欲急聞策妄喇布坦處之確實消息。

[391] 川陝總督年羹堯奏為另舉鞏昌布政使等員缺摺（康熙六十年十月十四日）[2]-2961

奏，四川陝西總督加六級紀錄三次臣年羹堯爲遵旨再奏事。

竊查鞏昌布政使覺羅折爾金被參解任，臣以用兵之際請奏銷而澄吏治，必賴賢能，冒昧具奏，請於江西按察司石文焯，直隸守道李維鈞二員內簡用一員，今蒙諭旨，方知此二人別有任用，皆不能來，復令臣另行選舉，臣查來陝散賑之戶部主事傅德實屬賢能之員，在部向有聲名，前因西安糧道一缺所關甚要，請將傅德補授，而布政司係郎中陞缺，若以主事超遷，未免躐等，然因地擇人，可否令傅德暫署鞏昌布政司印務，以觀後效（硃批，早已有旨了）。至西安糧道員缺，選得四川成都府知府劉世奇（硃批，具題）老成愼重，臣委其支放滿洲官兵糧餉，數年以來最爲清楚，請以劉世奇陞補西安糧道，而成都爲省會之區，駐防滿兵，知府亦賴得人，查有順慶府知府馬世烆（硃筆旁批，具題）辦事明敏，督運勤勞，請以馬世烆調補成都知府，則於錢糧地方兩有裨益矣。臣平日所知可以深信者實鮮布政使銜缺相當之員，今特取其才能勝任，遷就收得人之效，理合遵旨奏明，伏祈聖主睿鑒施行。

康熙六十年十月十三日具。

硃批，是。

[392] 川陝總督年羹堯奏查參陝西虧空錢糧並題補各官情由摺（康熙六十年十二月初五日）[2]-2964

奏，四川陝西總督加六級紀錄三次臣年羹堯爲再奏查參虧空，並題補各官情由，仰祈睿鑒事。

竊查陝省州縣歷年經手錢糧俱未奏銷，以致那新掩舊，積久虧空，竟至成千累萬，臣以國帑爲重，不敢徇隱，請將奉職無狀與循分稱職者分別參追，奉旨俞允，已據司府詳揭，將居官不堪，虧空最多者分疏參革在案，仍令司府澈低清查，不得稍徇情面，有虧庫項，今又查出虧空諸員內有聲名多玷，民怨彰聞者仍當革職究追，其餘則留任追補，自此參奏以外，西安巡撫所屬州縣已經查完，非但將來州縣錢糧當令隨徵隨解，以免侵那，即已經被參者，臣亦必會同撫臣噶世圖設法補苴，斷不敢使國帑久懸無着也，若夫川陝二省所出之缺，即將効力人員遵旨題補，非謂其有奇才異績，迥出尋常，祇以用兵之際，地方辦事需人，難以久候，是以就近選擇，量其才能，較其勞績，隨時補用，使免曠官而已，如或不稱職任以及逾閑蕩檢，臣亦必不姑容，致貽地方之累。至甘屬平慶臨鞏四府額賦無多，所存米豆草束歷年支用無餘，故虧空者少，非陝屬可比，惟肅州口外所用軍需銀兩已逾千萬，尙未報銷，臣曾面奉明旨，亦經行文飭催，兼之留心察訪，大約甘肅撫臣綽奇料理大兵錢糧皆陞任涼莊道仍留肅州辦事之何廷圭，甘山道傅澤澐，肅州道胡仁治等三員經手支用居多，其初意已定，一面撥用，一面即將冒銷銀兩任意侵蝕，若何廷圭者奢侈無度，驟至數十萬之富，三道之中最爲狡詐，至於今日亦自知難以開報，不得不爲遷延之計，此非奉天語嚴行申飭，一時未肯清楚，合併奏明，伏祈聖主睿鑒施行。

康熙六十年十二月初五日具。

硃批，是。

[393] 川陝總督年羹堯奏參原任西安按察使永泰摺（康熙六十年十二月十六日）[2]-2965

奏，四川陝西總督加六級紀錄三次臣年羹堯爲奏明請旨事。

竊查原任西安按察司永泰〔註884〕爲人粗率，貪暴性成，凡臣所參虧空各官莫不詳訐永泰之從前需索，臣以陝省互揭之事非止一案，未敢據文參

─────────────

〔註884〕《清代職官年表》按察使年表作陝西按察使永太，康熙五十五年至雍正元年任。

奏，又造重獄，無如永泰自赴軍前，意殊怏怏，狂躁更甚，因大兵駐紮甘州，分派河東州縣衛所買運糧草以備供支，夫甘州三衛較西寧爲寬廣，大將軍王駐紮西寧時兵馬雲集而草料未聞外運，及移駐甘州，兵馬之減於前者十已六七，是兵馬既少，地方較大，供支糧草自可無誤，而必令河東買運，且草束粗重之物，乃使運送於千里之外者，此其意無他，不過欲派累里民，折收重價，仍在甘州採買供應，彼得從中取利耳，幸賴大將軍王明察無遺，仰體聖主愛民之意，兵馬分駐涼州以就糧草，其在甘州者就近供支，並將馬匹所需草料半本半折，其河東派運糧草悉令停止，令諭開示周詳，兵民同聲稱便，辦事各官自當恪遵爲是，乃大將軍王甫離甘州，而河東派運糧草催督如故，百姓驚疑，紛紛具呈地方官轉詳署布政司主事傅德詳報到臣，臣遵照王諭出示曉諭，仍令停止在案，伏念臨鞏州縣當歉收之後，各屬窮民理應撫循，況用兵之要，亦必內安而後可以外攘，若將內地居民日朘月削，使不能安其生業，何以供應大兵，臣是以不無過慮，不忍令永泰等乘機而吸百姓之脂膏也，但永泰係奉旨軍前効力之員，聞督臣鄂海惟此人之言是聽，恐非兵民之利，伏乞聖主敕令永泰前赴巴爾坤軍前効力，甘州原有道廳各員，則督臣鄂海亦無辦事乏人之慮，臣與永泰原無夙嫌，祇以陝省今日之急務首在安民，萬難復擾，用敢據實直陳，伏祈聖主即賜明旨施行。

康熙六十年十二月十六日具。

[394] 川陝總督年羹堯奏陳陝西糧道虧空米豆案內涉及督臣及親王摺（康熙六十年十二月十六日）[2]-2966

奏，臣羹堯密奏者。

陝西原任糧道祖允焜虧空米豆十餘萬石，今已被參病故，其所以虧空如此者，由前督臣鄂海需索過多，又因祖允焜家人劉斌盜賣存倉米豆二萬餘石，隨即逃往京城，投入恒親王府內，有恆親王門下漢軍佐領劉常有包攬此事，現在勒要劉斌之妻妾子女六口，臣已密飭祖允焜家不得畏勢聽從，雖其事不關重大，然庫帑無有着落，不當使此等惡奴擁重貲漏法網，致令人人効尤也。再前督臣鄂海精神昏邁，任人指使，辦事甘州全不體恤民力，至於錢糧，無所恐懼，日久必致虧空，迨其既壞而後罪之，事已無及，甘州涼州現有道廳等官，臣能節制，儘可供支無誤，蓋辦理大兵糧餉，事權不一，多一大人即多一處侵蝕，求能見財而不苟且者，實鮮其入也，臣之知無不言不肯隱忍者，並非希冀將來長久富貴，實以粉骨碎身難報聖主已施之厚恩耳，惟是臣有八旬老父現在家居，臣結怨既多，不能不鰓鰓過慮，所賴聖主自有妙用，不令人知，仍將此摺密封發還，臣不勝激切屏營之至。

康熙六十年十二月十六日具。

[395] 謝賜肥鹿等物摺（康熙六十一年正月十二日）[3]-57

四川陝西總督加六級紀錄三次臣年羹堯為恭謝天恩事。

竊臣遣家人於上年十二月初十日在南海子賫摺奏進，蒙聖主賜臣肥鹿二隻、野雞十隻、折魯魚二尾，於康熙六十年十二月二十九日敬賫回陝，臣隨恭設香案，望闕叩頭祇領訖，伏思臣自川移陝，隆恩益數，每念不忘，而身居外任，乃蒙賜予頻仍，得飽天廚之味，此固特沛之恩，銘感於望外者也。又內侍陳福向臣家人轉傳諭旨云主子聖躬萬安，到海子里來〔註885〕不過是打圍行幸，並非養病，陝西相隔甚遠，總督不可聽信人之謠傳說皇上欠安等語。現今就是腿子微有些疼，別無他病，總督放心，欽此。臣跪聆之下，既喜且感，查臘月中旬外人訛傳，原言聖躬稍有違和，然臣細觀皇上日理萬機，凡宸衷之所經畫者，知明處當，自是精神充足，直如天行之健，所以凡有以聖體安否相詢者，臣皆以皇上萬安為對，蓋臣受恩深重，無刻敢忘君爺，而聖眷所及，實有曲體臣下之心者，欽聞恩諭，自喜深知皇上乾健之體，而益感皇上愛臣之深也，理合一並恭摺奏謝，伏祈聖主睿鑒施行。

康熙六十一年正月十二日具。

[396] 川陝總督年羹堯奏進石榴摺（康熙六十一年正月十二日）[2]-2971

奏，四川陝西總督加六級紀錄三次臣年羹堯為恭進石榴事。

竊臣前於巴塘等處覓得石榴六百枚，於康熙六十年十月十三日已經賫進，今又於巴爾喀木一路覓得石榴五千枚，謹遣家人齎送進呈，伏祈聖主敕令該管查收施行。

康熙六十一年正月十二日具。

〔註885〕原文作到海子里米，今改正為到海子里來。

[397] 山西巡撫德音奏報查看餵養駝隻情形摺（康熙六十一年正月十三日）[1]-3585

奴才德音〔註886〕謹奏，奴才於正月初八日自太原府啓程前來大同府，將餵養之四千七百十六頭駱駝，俱行查看，膘俱肥，今將生癩者緊急治療，運米斷不至耽擱，爲此謹具奏聞。

[398] 康熙帝諭進伐伊犁戰略事（康熙六十一年正月十四日）[1]-3588

康熙六十一年正月十四日乾清門頭等侍衛喇錫傳旨，朕多日詳慮軍務，伊犁山嶺陡險，策妄喇布坦軍與我軍交戰大敗，多被殺，策凌敦多布等人大半死亡，招地敗逃，稔知我軍竟無敵，惟將衆人收歸伊犁，拼死忍耐，牢固坐守三嶺，若滿洲大軍一至，則拼死抵抗，若形勢不利，再謀往躲避處避之而忍耐，稱我大軍今年進伐，而倘在三嶺支撐，或日期久，或策妄喇布坦敗，攜婦孺向彼方敗逃，則將如何，我等跟隨否，軍務所關甚大，不可不議定，如今策妄喇布坦之底細我等稔知，策妄喇布坦亦甚曉我軍屬害，斷不輕易罷兵，進攻務必取伊，我等若遣使往策妄喇布坦，伊以爲如同我等求伊，或不能取伊而改變主意，故此我等斷不可遣使，朕意哲卜尊丹巴呼圖克圖係喇嘛者，先亦屢有往策妄喇布坦遣使之處，呼圖克圖遣人仍可，由此處議，繕擬咨行策妄喇布坦書咨行呼圖克圖，由呼圖克圖處揀選賢能喇嘛爲使火速差遣，往人逾阿吉嶺，從吐魯番速往，無多久抵達，亦獲聞彼處訊息情形，倘呼圖克圖使臣好言相勸策妄喇布坦，伊懼，若稱解送拉藏妻孥臣僕我方被捕獲之人，認錯堅決歸降，再不敢來侵邊界，我等籌謀一處，策妄喇布坦死，或伊等發生內亂，來求我等外，伊往何處，此間我等理應進兵，一面進兵一面遣使亦無耽擱之處，我軍向伊犁立即進攻，或固守吐魯番地方，進駐烏魯木齊等處，固守營壘，乘機而行，或數路進伐，以及大軍廩餼餉米如何運抵，務確保等處，諸議政大臣等會同由軍中召回之將軍大臣等詳盡議奏，欽此。

[399] 川陝總督年羹堯奏爲密訪張文煥居官情形摺（康熙六十一年正月十八日）[2]-2972

奏，四川陝西總督加六級紀錄三次臣年羹堯爲遵旨密奏仰祈睿鑒事。

竊臣前於陛見時親蒙諭旨，令臣密訪署雲貴總督張文煥居官賢否，臣不敢不加詳愼，亦不敢不以實情仰答聖明，臣自回川之日即遣妥確親信之人赴

〔註886〕《清代職官年表》巡撫年表作山西巡撫德音。

滇密訪，得知張文煥於康熙五十九年十二月奉旨署事，一切屬官禮節止收銀兩，不收幣帛，於康熙六十年三月十八日至五華山慶賀萬壽，張文煥忽然跌僕，因而雙目失明，始猶瞻失朦朧，延至五月，兩目一無所見，至今並未坐堂理事，接見官員即考驗武職亦皆委之中軍副將，以致乘機納賄，在所不免，張文煥自失明之後，銀兩幣帛兼收，聲名不好。雲南撫臣楊名時雖收節禮，另無苛求，諸事和平，判斷明白，臣恐一人之言未可遽信，另道訪查，合之輿論，俱屬相同，理合據實密奏，伏祈聖主睿鑒，仍將此摺密封發還，臣不勝幸甚。

康熙六十一年正月十八日具。

[400] 議政大臣吳爾瞻等奏為遵旨辦理運米至察罕瘦爾摺（康熙六十一年四月二十四日）[1]-3602

議政大臣領侍衛內大臣署理都統事務宗人府右翼鎮國公臣吳爾瞻〔註887〕等謹奏，為欽奉上諭事。

據運米都統圖斯海等奏文內開，前經臣等具奏，去年大同、宣府以駝九千一百五十四隻運米一萬三千五百石，今年運米較此數多運之處，奴才臣等抵大同後視駝力儘量巧辦，務必增運，以仰副皇上多加運至之諭旨，既有於大同查看駝隻〔註888〕及增運米事，奴才臣等於大同辦事，以候侍郎敦拜、薩哈布〔註889〕抵至等因具奏在案。今奴才臣等抵至大同，查兩地駝隻，大同餵養之駝甚肥壯，通永道員李吉墨送至宣府餵養駝隻亦較去年肥壯，臣等為此次增運米，不獲多備駝隻，集眾官商議，據刑部員外郎舒申、同知張懷等呈文稱，去年運米十駝之內備一駝閑役，舒申等世代承蒙皇恩，並無報答之處，今聖主詳謀，有關軍米者重要，謹遵多加運至為妥之諭旨，我等情願不取多備駝隻，以現有官駝馱米，將較去年多增運米一千五百石，共運至米一萬五千石，倘中途駝隻有誤，情願自力備駝補缺，務將米運至察罕瘦爾交付等因前來，竊查舒申等仰蒙皇上教養之恩，情願不多取駝隻，馱自力籌備，較去年增運米一千五百石，務運至察罕瘦爾交付，相應照伊等所呈，依賴現有駝隻馱運米石，共運米一萬五千石，既然此所運米較去年多，且與侍郎敦拜、

〔註887〕《欽定八旗通志》卷三百十八康熙五十八年有領侍衛內大臣宗室公吳爾占，康熙六十一年無此人。
〔註888〕原文作查看駝肉，今改為查看駝隻。
〔註889〕《清代職官年表》部院滿侍郎年表作禮部左侍郎薩哈布。

薩哈布返回同運，將官兵編爲十五營，護衛米駝，委任此十五營營長，除部院所遣十二名官員外，尚缺三名官員，由州縣官員內，按原差使，揀派同知張懷、通判王典、候知府缺知縣陳衛，[奴才]圖斯海路委員外郎舒申、富色克、候知府缺知縣陳衛爲營長，[奴才]李周旺路委郎中吳格、編修伊勒敦、同知張懷爲營長，[奴才]魏方泰〔註890〕路委郎中胡海、主事伊里庫、吏目閻祖錫爲營長，既然侍郎敦拜、薩哈布尚未至，奴才等會議，侍郎敦拜路委員外郎富申、中書五十三、通判王典爲營長，侍郎薩哈布路委員外郎孫弘、高春、中書魏托保爲營長，此五路內勘察掘井，水草牧場之時差派筆帖式托齊納、鄂米、桑格、同知楊飛雄、知縣工夢雄，再宣府大同兩處所養駝，運米需用鞍駱駝屜馬屜筐繩口袋席等物，平均撥給十五營，會同戶部所差放米員外郎齊納爾圖督察，從大盈倉量取米一萬五千石，對將駝調膘之厄魯特、回子，牽駝之土默特官兵，依去年撥給各八月行糧，會同山西巡撫差遣之知府藍廷芳〔註891〕督察，共撥給銀二萬五千二百二十八兩二錢五分六釐三毫，再三月二十二日行文侍郎敦拜、薩哈布，請侍郎等計算里程，何時抵達大同之處，咨行我等，三月十九等日由侍郎敦拜處雖兩次來文，稱馬駝均羸瘦，盡力火速趕往等因，至於何時抵大同之處，並無來文，現既然運米等事俱辦完結，若久候敦拜等，則將駝牽回，以趁涼爽，伊等二路官兵、米駝暫由(奴才)我等三路兼管，自四月十五等日陸續啓程，在何處相遇侍郎敦拜等，則將伊路之官兵、米駝交付伊等管轄，於此十五營兼管之州縣官員，除將厄魯特、回子、土默特官員名銜另造冊解送兵部外，[奴才等]歸來時將運米駝仍照先按各自原餵養數交宣府大同官員餵養，厄魯特、回子、土默特等騎乘馬匹亦照先交各自原騎乘官兵餵養可也，爲此謹具奏聞，康熙六十一年四月十九日乾清門頭等侍衛喇錫轉奏。奉旨，交議政處，欽此欽遵。

臣等會議得，據運米都統圖斯海等奏文稱，前經奴才我等具奏，去年以大同宣府之駝九千一百五十四隻，運米一萬三千五百石，今年運米，可增運此數之處，俟我等抵大同後視駝力盡量巧辦，務必增運，以仰副皇上增運之諭旨，既然大同有查看駝隻〔註892〕，增運米事，[奴才]我等在大同辦事，等

〔註890〕《平定準噶爾方略》卷四頁三十二作通政使司右通政魏方泰。
〔註891〕《山西通志》卷八十二頁二載大同府知府藍廷芳，正藍旗人，歲貢，康熙五十五年任。
〔註892〕原文作查看駝肉，今改爲查看駝隻。

候侍郎敦拜、薩哈布前來，等因具奏在案，今我等已抵大同，查兩地駝隻大同餵養駝隻甚肥壯，宣府餵養駝隻亦較去年肥壯，為此次增運米，不獲多備駝隻，集衆官員商議，刑部員外郎舒申、同知張懷等呈稱，去年運米十駝內備一駝閑役，舒申等世代蒙受皇恩，並無報効之處，謹遵多加運至為妥之諭旨，我等情願不取多備駝隻，以現有官駝馱米，較去年增運米一千五百石，共一萬五千石米運至，倘中途駝隻有誤，情願自力備駝補缺，將米務運至察罕瘦爾交付，等因前來，舒申等仰蒙皇上教養之恩，情願不多取備用駝隻，自力籌備，較去年增運米一千五百石，運抵察罕瘦爾交付，相應照所呈，以現有駝隻馱米，共運米一萬五千石，既然侍郎敦拜、薩哈布返回同運，將官兵編為十五營，護守米駝，而侍郎敦拜、薩哈布尚未至，相應我等會議，侍郎敦拜路委員外郎富申、中書五十三、通判王典為營長，薩哈布路委員外郎孫弘、髙春、中書魏托保為營長，此五路查勘掘井，水草牧場之時遣派筆帖式托齊納、鄂米、桑格、同知楊飛雄、知縣王夢雄，再宣府大同兩處餵養駝隻，運米需鞍駱駝雇馬雇筐繩口袋席等物，平均撥給十五營，從大盈倉量取米一萬五千石，將對駝調膘之厄魯特、回子，牽駝之土默特官兵，依去年撥給各八月行糧，會同知府藍廷芳督察，共撥給銀二萬五千二百二十八兩二錢五分六釐三毫，再奴才等三月二十二日行文侍郎敦拜、薩哈布，請計算里程，何時抵達大同之處，咨文我等，三月十九等日由侍郎敦拜處雖行文稱馬駝均羸瘦，盡力火速趕往等因，至於何時抵達大同之處並無行文，現運米等事俱辦完結，若久候敦拜等，既則牽駝而歸，以趁涼爽，將伊等二路官兵，米駝暫由奴才我等三路兼管，自四月十二等日陸續啓程，在何處相遇侍郎敦拜等，則將伊路之官兵米駝交付伊等管轄，俟奴才等返回時仍照先各自餵養駝原數，交付宣府大同之官員餵養，將厄魯特、回子、土默特等騎乘之馬，亦照先交付各自原騎乘官兵餵養等語。竊查汛地糧餉甚要，愈多愈善，圖斯海等於宣府大同二處餵養之駝甚肥壯，員外郎舒申等情願不取所備駝隻，自力籌備，增運米一千五百石，共運一萬五千石，運至察罕瘦爾交付，將運米駝牽回時仍照先按各自原餵養數，交付宣府大同官員餵養，馬匹交付原騎乘官兵餵養，依圖斯海等奏，運米一萬五千石，將駝馬各交原處餵養，仍咨行圖斯海等，火速行文侍郎敦拜、薩哈布，速趕往運米營，督管官兵運米可也，為此謹奏請旨等因，於康熙六十一年四月二十四日交乾清門頭等侍衛喇錫轉奏。

奉旨，依議，欽此。

議政大臣領侍衛內大臣署理都統事務宗人府右翼鎮國公臣吳爾瞻。

議政大臣火器營大臣署理左翼前鋒統領事務世子臣弘昇。

大學士臣馬齊。

議政大臣領侍衛內大臣公臣馬爾賽。

議政大臣戶部尚書臣孫扎齊。

議政大臣工部尚書臣徐元夢。

兵部右侍郎臣查弼納。

刑部右侍郎臣劉相。

[401] 兩廣總督楊琳奏爲委員起解軍需赴陝事摺（康熙六十一年二月初一日）[2]-2974

奏，兩廣總督奴才楊琳爲奏明起解軍需事。

竊照陝西口外大兵未撤，需用浩繁，查廣東發帑收鹽羨餘銀兩奴才節次起解軍需在案，五十九年羨餘除起解外，尚存銀一萬二千四百八十兩零，六十年分羨餘散在各場，尚難核數，奴才於商人所上鹽價內抽銀四萬七千五百十九兩零，共湊成六萬兩，差委督標左營守備趙祿帶兵十六名於六十一年二月初一日領解，前赴川陝督臣交投，聽督臣撥用，除繕疏題報外，理合具摺奏明，謹奏。

康熙陸拾壹年貳月初壹日奴才楊琳。

[402] 川陝總督年羹堯奏報審得西安府等虧空婪贓實情摺（康熙六十一年二月十三日）[2]-2976

奏，四川陝西總督加六級紀錄三次臣年羹堯爲請旨事。

竊查漕臣施世綸參劾西安府知府徐容，鳳翔知府甘文煊虧空捐納錢糧一案，又署甘撫臣花善參革署會寧縣事効力知州李德榮侵扣賑銀，主事西倫等乘機需索，藩臬兩司互訐一案，奉旨著朱軾與臣會審，臣等提齊官犯，逐一研訊，取供具題，其徐容等虧空實情，李德榮等貪贓啓釁皆備悉於疏中，茲不復贅，臣與朱軾平情酌理就事完結，並不敢刻意深求，別生枝節，惟冀錢糧獲有着落而已，審明題覆例應朱軾齎本進京，但見其食少多病，步履艱難，令人扶掖然後可行，未免沿途遲滯，是以令筆帖式馳驛齎赴內閣交投，至陝省虧空各官已奉旨革職者，現在逐案審追，皆以前督臣鄂海與其家人魏二除節禮生辰外勒索財物，因而那用錢糧，冀免一時之禍，日朘月削，遂至累萬盈千，堅供鑿鑿，即質之魏二亦自俯認無辭，是凡有虧空之案，皆入魏二之名，竟似有意羅織，無如庭訊之下，供及魏二，莫不切齒流涕，以爲但將魏二勒索情由據詞入告，即死甘心，臣若依循承審虧空故套，聽其捏作那移，本無此事，任意開銷詐銀者另自有人，而捏飾者別開一事，紙上分剖，總非實情，明知欺飾聖主而故蹈之，臣心何在，臣惟有據供敍入本章，即魏二一人不能完結各案贓銀，其勒詐眞情既已聲明，虧空各員可以無怨。又陝省錢糧因不按年奏銷，上下侵蝕以致虧空幾及百萬，不肖官吏將正項錢糧供上司家人之需索，罪固難道，而迫於威勢又頗有不得已之苦情，臣悉知之，今皆按律擬以侵欺斬罪，實爲已甚，非特人言可畏，即臣之子孫將必不昌，靜夜細思，無以自處，以臣愚見，竭臣心力，三年之內設法完補，雖目今從重究擬，俟還補完日伏乞天恩各予輕減，並求宸翰即於摺內批定，仍發回臣，臣或別蒙任使，不在陝省，亦可執此覆奏，是皇上好生之德，既遍及於虧空諸員，臣亦藉此免干天地之和，子子孫孫永沐弘慈於不朽矣，理合備陳請旨，伏祈聖主睿鑒批示遵行。

康熙六十一年二月十三日具。

[403] 川陝總督年羹堯奏爲涼州鎮臣病目日久營務廢弛情由摺（康熙六十一年三月二十五日）[2]-2981

奏，四川陝西總督加六級紀錄三次臣年羹堯爲奏明鎮臣病目日久，營伍廢弛情由仰祈睿鑒事。

竊查涼州一鎮，內通甘肅，外控番彝，又值用兵之際，非得鎮臣強幹精明，練兵核餉，無以資調遣，臣自到任之後，即聞涼州鎮臣李中月久患目疾，醫治不愈，所屬營伍漸致廢弛，然得之傳聞，未曾目擊，總兵爲武職大員，臣豈敢輕率入告，今抵涼州親見李中月兩目已一無所見，一舉一動皆賴家人扶掖，及閱兵馬，久未操練，弓箭鳥槍實屬不堪，營伍廢弛至此已極，更可異者出征兵丁勤勞口外，其家口理宜體恤，乃將出征兵丁歷年馬乾銀兩扣留不發，又並無存貯在營，共計一萬四千餘兩，內有前任鎮臣康海支用者，亦有李中月陸續支用者，征兵男婦環臣馬首控訴不絕，且將營中公費馬糧二百分一併入己，遇有公事科派各營，此皆訊之合鎮將備眾口一詞，是鎮臣既不以營伍爲重，又不愛恤兵丁，徒知自利，大負聖主委任，若夫病廢戀職，此又其小焉者矣，理宜據實題參，以警不職，但營伍如此廢弛，似未可聞諸遠方，又成大案，康海已効命疆場，未忍又言其前過，今面令李中月即以目疾請休，臣隨據呈題達，惟懇聖主速簡賢能，以資整頓，除繕疏請准休致外，理合將臣所查確情據實奏明，伏祈聖主睿鑒施行。

康熙六十一年三月二十五日具。

滿文硃批，爾來京城，似無補益，潛書滿蒙書信，以申己意便可，此中若有關涉體大之事，而知之便罷。另爾先前密奏數事，□□□□，封緘發出了。

[404] 川陝總督年羹堯奏為兵事關重大必須面陳請旨摺（康熙六十一年四月初四日）[2]-2982

奏，四川陝西總督加六級紀錄三次臣年羹堯為兵馬事關重大，甘肅積玩難除，必須面陳請旨，方獲遵循事。

案准兵部咨，議政大臣與大將軍王議覆協理將軍臣阿爾納〔註893〕具奏進兵烏魯木齊一案，部咨令臣會同將軍臣富寧安，甘撫臣綽奇詳細查算，今年即將各項料理齊備，若行走時務期無誤之處妥議具奏，臣思用兵進止自有聖斷，臣固不敢懸揣謬參末議，其供支大兵糧餉，臣與綽奇會議，另繕清字奏摺覆奏外，臣之所以不敢議及進兵者，蓋以大兵進剿務期萬全，臣昔在川原未知陝省沿邊及口外情形，故前此陛見未敢擅言一字，及奉恩命令臣總督川陝，抵任之後逐加察訪，雖有所聞未知確實，不得不請行邊地，今親抵甘肅方知前日之訪聞亦僅得其半，雖嚴檄辦事道員各盡心力轉運兵糧，以供今歲之用，或不致有意外之虞，而肅州口外自用兵以來所發內帑已逾千萬，又為之開捐例以佐之兵力，似宜有餘，茲則口內口外臣之所見所聞迥非意料之所能及，事諸多端，奏摺難盡，且亦不敢備陳於奏摺，進兵所關重大，若不逐一面奏，詳請聖訓，安得有所遵循，臣已遣咸寧縣知縣金啟勳，標下守備王嵩前赴巴尔坤、土尔番以查糧為名細察軍情並馬匹軍裝屯田諸事，臣即起程回署，到省當在五月中旬，略為料理案件，六月初旬臣即馳驛趨赴御前備陳軍務，以期聖明詳悉指示，理合先行奏明，伏祈聖主睿鑒施行。

康熙六十一年四月初四日具。

〔註893〕《平定準噶爾方略》卷十頁三作協理將軍阿喇衲，即《平定準噶爾方略》卷四頁十四之散秩大臣阿喇衲授為將軍者。

[405] 川陝總督年羹堯奏為因身遠任重請頻加訓示摺（康熙六十一年六月二十二日）[2]-2991

奏，四川陝西總督加六級紀錄三次臣年羹堯謹奏，為臣身日遠，臣任益重，犬馬情殷，仰祈睿鑒事。

臣本中人以下之材，碌碌無長，叨蒙高厚養育之教誨之，破格成全，以至於斯，上年五月熱河陛見，極人世之遭逢，非夢想所能到，六月初二日陛辭請訓，自辰至午，推心置腹，無可比倫，又見臣彷徨躑躅，口不能言，心有欲吐，諭曰朕再無疑爾之處，爾亦不必懷疑，煌煌天語，藹藹王言，上下交孚至於如此，聖主之於羹堯，既為千古之所未見未聞，臣之自勉，能甘心同於眾人耶，是以於財利不肯有所私，於勞苦不敢有所避，參劾虧空，清理庫項，不復有所顧忌，且審問虧空各案，名曰捐辦公事，皆係支用地丁錢糧，捐者捐己貲也，捐羨餘也，今則官吏冒急公之美名，而庫帑受侵蝕之實害，自軍興以來，陝省現任官員並無一人捐一文錢者，此臣所以凡遇錢糧舊案，不勝其憤悶而甘心於結讐取怨也。臣今奉命前往肅州料理糧運，以中下之材為讐怨之藪，臣恃以無恐者，仰求聖主仍如臣在四川時事事指授，頻頻教訓，臣雖駑駘，亦必能任重致遠，無憂隕越矣，臣更有請者，臣料理川省軍務幾及五載，身駐成都，而松潘打箭爐兩路兵糧倖無遲誤者，上下官吏合力同心並無掣肘之故也，今年三月臣至肅州，因糧運不接，理應在彼幫辦，而事關重大，非奉命專委不能有濟，除先令涼莊道蔣洞承運六千五百石，又於甘州涼州委官雇車四千輛承運一萬二千石速為接濟，非敢置之度外也，今於六月十六日據臣在肅州所遣咸寧縣知縣金啟勳，臣標守備王嵩自巴里坤、土尔番查看糧運回省口稱，土尔番所種藥子甚好，巴里坤所種青稞甚為茂盛，軍前兵米從前遲誤是真，金啟勳等自土尔番回來親見涼莊道蔣洞所運米已有三運到營，兵心安定，又於途間見臣所委平涼府知府張自禎承運之米已有四千五百石出口等語，恐塵聖懷，合併奏明，臣既得奉命專辦，除將六月二十二日起程日期另疏題報外，俟到肅州區畫略定，臣即親到巴里坤，再至沙州、瓜州踏勘，回日另奏，惟是川陝兩省事務繁多，皆臣責任，敢不竭力辦理，倘有不能周到之處，伏祈聖慈寬宥，臣無任悚惕瞻戀之至。

康熙六十一年六月二十二日具。

[406] 議政大臣吳爾瞻等奏為羅卜藏丹津二母福晉想念子摺（康熙六十一年五月十一日）[1]-3608

議政大臣領侍衛內大臣署理都統事務宗人府右翼鎮國公臣吳爾瞻 〔註894〕等謹奏，為欽奉上諭事。

接大將軍王奏文內開，臣於五月初三日來到高家堡駐營之日，據駐西寧侍郎常壽呈文內稱，青海親王羅卜藏丹津二母福晉差諾彥噶隆、扎爾固齊孟和岱呈文大將軍王稱，親王羅卜藏丹津二母福晉謹呈撫遠大將軍王之緣由，去年秋親王羅卜藏丹津遣侍衛貢布札木三等呈文大將軍王，聽聞緣由，大將軍王曾以善言訓諭，爾未仿效他人，駐紮招地甚是，今聞得招地勢高，隨往之齋桑、侍衛等病故者多，且率往之自備畜、廩餼俱竭盡，王羅卜藏丹津本人水土不服，我等二位七十歲老婦，所倚為生者惟此獨生子，甚為想念，不能忍受，請大將軍王仁愛，轉奏聖主，如何速降招回之聖旨，以足我年邁二老婦人之心願，以合掌呈請團聚等情，常壽我訊問送文之諾彥噶隆、扎爾固齊孟和岱，爾等二福晉呈此文，或王羅卜藏丹津自招地有書信而呈，或以二福晉之意而呈乎，告稱我二福晉俱七十歲，惦念子不能忍，以伊等意呈請大將軍王仁愛，我王並無從招地寄信之處等語。常壽我與諾彥噶隆曰，先爾王從招地差派侍衛貢布扎木三等獻禮於大將軍王，呈文請訓示後，大將軍王甚嘉許，訓示云爾王並不似他王台吉等率兵返回之處，感激皇父恩惠，復念其父訓誨，率伊屬軍與內地軍同鎮守招地甚是，倘牧場無主欲返回，則不符先行之原意，訓諭否行者大理，依遵爾王訓示鎮守招地，今我將軍大臣等尚率兵鎮守招地，爾等青海人眾俱可棄之前來乎，二老人惦念了者雖是，惟軍機事務既關係重要，爾等歸返，以我語曉告福晉，應免呈此書等語遣之，二福晉復差達爾漢阿木綽特來告，我二福晉言，侍郎勸諫之語雖甚是，惟我等二老俱七十歲矣，倚以為生者僅此一子，因甚思念而呈文，請由侍郎處務速稟大將軍王等因前來，將二福晉所呈蒙文書一併呈上等情，故此親王羅卜藏丹津二母福晉為其子呈請事如何辦理之處，俟奉皇父諭旨訓示，欽遵辦理，為此具摺，將呈送原蒙古文書一併謹奏請旨，於康熙六十一年五月初十日交乾清門頭等侍衛喇錫具奏，奉旨，交議政處速議奏，欽此欽遵。

〔註894〕《欽定八旗通志》卷三百十八康熙五十八年有領侍衛內大臣宗室公吳爾占，康熙六十一年無此人。

　　臣等會議得，接大將軍王奏文內開，青海親王羅卜藏丹津二母福晉遣使呈文書稱，去年秋間〔註895〕王羅卜藏丹津遣使呈文大將軍王緣由，大將軍王咨文善文教誨，今聞得因招地勢高，隨往之齋桑侍衛病故者多，且牲畜廩餼俱竭盡，羅卜藏丹津本人不服水土，我二位七十歲老婦人倚爲生者乃此獨子，甚爲想念，不能忍受，請傳奏速召回，以足我等心願等因呈來，將此如何辦理之處，俟奉皇父諭旨訓示，欽遵辦理。查得去年親王羅卜藏丹津自招地遣使呈文大將軍王，我青海其他諸兄弟俱返回，惟額爾德尼台吉之侄魏徵台吉會同我率少許兵士駐紮，我本人獨自爲牧場無主而來呈文，大將軍王訓諭阻止在案，理應著羅卜藏丹津鎮守藏地，現王本人不適水土，二母福晉已七十歲矣，惦念子不可忍，呈請大將軍王速招回其子，令我等相聚，既如此哀求以至屬下人衆復抱怨，無奈照伊等所請，著羅卜藏丹津同台吉魏徵等返回，將此著由大將軍王處，致書署理定西將軍印務公策旺諾爾布等，將此情由曉諭羅卜藏丹津遣返，致此書時或由西寧差人，或由四川經巴爾喀木路驛站行文之處，由大將軍王定奪差遣，亦行文曉諭羅卜藏丹津二母福晉可也，爲此謹奏請旨。

　　議政大臣領侍衛內大臣署理都統事務宗人府右翼鎮國公臣吳爾瞻。

　　議政大臣火器營大臣兼左翼前鋒統領世子臣弘昇。

　　大學士臣馬齊。

　　議政大臣領侍衛內大臣公臣馬爾賽。

　　議政大臣戶部尚書臣孫扎齊。

　　議政大臣工部尚書臣徐元夢。

　　兵部右侍郎臣查弼納。

　　署理行在理藩院事務刑部右侍郎臣劉相。

[407] 阿爾納等請安摺（康熙六十一年五月十六日）[1]-3609

　　奴才阿爾納〔註896〕等跪請聖主萬安。

　　奴才阿爾納。

　　奴才穆克德恩。

　　奴才丹津多爾濟。

　　奴才莊圖。

〔註895〕原文作去年秋聞，今改爲去年秋間。

〔註896〕《平定準噶爾方略》卷十頁三作協理將軍阿喇衲，即《平定準噶爾方略》卷四頁十四之散秩大臣阿喇衲授爲將軍者。

奴才阿玉希。

奴才克希圖。

奴才楊昌泰。

奴才巴吉。

奴才佟莫克。

奴才圖巴。

硃批，朕體安，氣色甚好，爾等均好嗎，糧食甚要，收成如何好之處，急欲聞之。

[408] 吏部尚書富寧安等請安摺（康熙六十一年五月十七日）[1]-3610

奴才富寧安等跪請聖主萬安。

奴才富寧安。

奴才穆森。

奴才盧振生。

奴才智雲。

奴才英珠〔註897〕。

奴才薩爾禪〔註898〕。

奴才常壽〔註899〕。

奴才雅圖〔註900〕。

奴才王儀〔註901〕。

奴才達西達爾札。

奴才登德里。

硃批，朕體安，氣色亦好，爾等均好嗎。

[409] 山西巡撫德音奏報各地方多積糧米摺（康熙六十一年五月二十日）[1]-3614

奴才德音謹奏。

〔註897〕《欽定八旗通志》卷三百二十一作滿洲正藍旗副都統覺羅英柱。
〔註898〕《欽定八旗通志》卷三百二十一作滿洲正紅旗副都統薩勒禪。《平定準噶爾方略》卷十頁二十一作副都統薩爾禪。
〔註899〕《欽定八旗通志》卷三百三十一作西安副都統常壽。《平定準噶爾方略》卷九頁九西安左翼滿洲副都統常壽。
〔註900〕《欽定八旗通志》卷三百二十四作蒙古正紅旗副都統雅圖。
〔註901〕待考。

米糧於地方所關甚要，不可不預謀積貯，查貯於直隸所屬地方糧米一百六十萬五千石餘，山東地方四百七十三萬石餘，河南地方一百三十四萬七千石餘，惟山西地方糧米甚少，貯於各州縣地方者共有九十三萬石，去年用於賑濟平陽、汾州地方開除二十萬石，各年借給民人，官員虧空者，雖盡催償，惟七十萬石餘，故承查大臣朱石〔註902〕去年奏請，施行納貢生、監生捐納之例，賑濟事竣即止，叩請聖主施殊恩，將朱石奏准貢生、監生捐納之例再施行一年，一年期滿即止，將米糧數額造冊報部，分貯於各州縣，趁此年豐，多貯糧食，於地方大有裨益，是否有當，伏乞聖主指教，為此恭謹奏請。

硃批，現軍需處捐納者甚多，今若於山西捐納，誰捨近求遠，將此暫緩，再加觀察。

[410] 吏部尚書富寧安奏報歸降回子托洛克瑪木特口供摺（康熙六十一年五月二十七日）[1]-3617

奴才富寧安謹密奏。

為奏聞事，康熙六十一年五月二十七日據副將軍阿喇納稟報內稱，五月二十四日將訊問歸降回子托洛克瑪木特〔註903〕之言啓呈將軍後，回子托洛克瑪木特復有稟報之語，即委交副都統克希圖〔註904〕訊問之，副都統克希圖經訊呈稱，據回子托洛克瑪木特稟告，前年爾等軍至額敏征戰返歸時，丹吉蘭〔註905〕之子多爾濟色布騰〔註906〕自劫掠之厄魯特內，將一人差往策妄喇布坦言稱，爾使準噶爾凌辱未報復，界民如此攜之乎，我曾差人行文於爾矣，想是未抵達等語。自此策妄喇布坦稽察，將駐阿勒泰方面哨所一夜行厄魯特，誤當作逃犯槍殺，收取衣服等物，攜所取之物檢視，有多爾濟色布騰之文書，內稱大軍往毀爾之牧場，勿毀準噶爾之名聲，軍旅妥善鞏固等語。又爾等軍逾阿勒泰後多爾濟色布騰又由俘掠之人內差一人來告，我駐喀爾喀邊界，我仍懷念叔叔，又多爾濟色布騰拔腰刀向自阿勒泰處歸降之人云豈有爾等未射一箭，即降服之理乎等情，因此稱撥貝爾有異心，故相互大加爭鬥，以上乃聞厄魯特人所言等語。故此我等又對回子托洛克瑪木特云若有此等語，為何

〔註902〕《清代職官年表》部院大臣年表作都察院左都御史朱軾。
〔註903〕《平定準噶爾方略》卷九頁十一作托克托瑪木特。
〔註904〕《平定準噶爾方略》卷十頁十四作副都統克什圖。
〔註905〕《蒙古世系》表四十三作丹濟拉，父溫春，祖巴圖爾渾台吉。
〔註906〕《蒙古世系》表四十三作多爾濟色布騰，父丹濟拉，祖溫春，曾祖巴圖爾渾台吉。

以前未告，爲何纔告等因。告稱我忘了，方想起，使聞之等語。我想多爾濟色布騰父子仰蒙主子之恩甚重，以策妄喇布坦爲敵，然而據聞伊之屬衆與多爾濟色布騰不睦，伊豈敢差人，策妄喇布坦挑撥離間不可料定，雖呈書後陳告，因歸服人云，咨呈將軍，將回子解至後，由將軍處復問明，再詳加奏聞之處，請將軍定奪，爲此咨呈等語。奴才理應俟回子托洛克瑪木特抵達復詳加問明，再詳細奏聞，惟駐巴里坤處人衆，且自喀爾喀處來貿易之蒙古人亦多，復問回子托洛克瑪木特，隨意洩漏不可料定，既關係重大，自副將軍阿喇納處將回子托洛克瑪木特解至後，停止復問，嚴訓回子托洛克瑪木特途中不可絲毫洩漏等因，嚴飭先鋒嘎札爾圖，途中不見仟何人，經驛站急速解送外，亦密呈大將軍王，故此將副將軍阿喇納所報訊問托洛克瑪木特之語，繕摺先密奏聞。

硃批，爾此辦理者甚善，朕久聞此事。

[411] 行在兵部咨呈撫遠大將軍王爲撤軍事（康熙六十一年六月初十日）[1]-3618

行在兵部咨呈撫遠大將軍王，爲欽奉上諭事。

總督年羹堯爲撤沿甘州、肅州山脈戍駐之二千綠營兵具奏，經議政處議奏，奉旨，適纔見面，大將軍王爲將無用之兵士撤退具奏，未知是否此軍，若由大將軍王處撤軍則已，若未及撤則撤罷，欽此欽遵，爲此咨呈。

[412] 理藩院尚書隆科多等奏爲額林臣陣亡施恩祭祀摺（康熙六十一年七月十七日）[1]-3625

理藩院謹奏，爲請旨事。

據揚威將軍領侍衛內大臣公傅爾丹咨文稱，來我軍中之翁牛特多羅郡王和碩額駙倉津〔註907〕旗下委署四等台吉之副台吉額林臣〔註908〕陣亡，以此請由部照例施恩等情，竊查定例內曰，頭等台吉亡故皇上施恩，以羊三隻酒三瓶由內閣撰寫滿蒙字祭文，遣臣部章京一名，誦文奠酒以祭，祭祀所需羊酒，由該部折價交付赴往章京在本地購買用之等因，無祭祀二等台吉以下台吉之例，惟四等台吉額林臣委副台吉，且去年赴征伐軍中陣亡，相應將台吉額林臣是否施恩祭祀之處，恩出自於皇上，祈皇上指示，爲此謹奏請旨。

〔註907〕《蒙古世系》表二十三作蒼津，父畢里袞達賚。
〔註908〕《蒙古世系》表二十三有額璘臣，父叟賽，疑即此人。

尚書兼步軍統領臣隆科多〔註909〕。

左侍郎臣特古忒。

郎中臣鄂賴。

員外郎臣格勒爾圖。

主事臣班第。

主事臣雙鼎。

硃批，既陣亡，爲頭等台吉銜，差臣撰祭文致祭。

[413] 振武將軍傅爾丹等請安摺（康熙六十一年八月二十八日）[1]-3633

奴才傅爾丹等俯伏敬請聖主萬安。

奴才傅爾丹。

奴才穆賽。

奴才阿音圖。

奴才覺羅延壽。

奴才丁壽〔註910〕。

奴才覺羅圖喇〔註911〕。

奴才勒欽圖。

奴才根敦〔註912〕。

奴才宗室普照〔註913〕。

奴才達米納〔註914〕。

奴才嫩特〔註915〕。

硃批，朕體安，木蘭圍獵完竣，返回花峪溝書之。

[414] 理藩院奏為差人往楚庫柏姓探聽俄羅斯訊息摺（康熙六十一年九月初八日）[1]-3635

理藩院謹奏，爲欽奉上諭事。

〔註909〕《清代職官年表》部院大臣年表作滿理藩院尚書隆科多。
〔註910〕《平定準噶爾方略》卷四頁三作副都統丁壽。《欽定八旗通志》卷三百二十四作蒙古正黃旗副都統定壽，但於康熙五十九年二月已調。
〔註911〕《欽定八旗通志》卷三百二十四作蒙古鑲白旗副都統圖喇。《平定準噶爾方略》卷四頁三作副都統圖喇。
〔註912〕《平定準噶爾方略》卷十頁十八作扎薩克台吉根敦。
〔註913〕清太祖努爾哈赤第十二子阿濟格曾孫。
〔註914〕《平定準噶爾方略》卷二頁二十七作護軍統領達米納。
〔註915〕《平定準噶爾方略》卷二頁二十七作侍郎能泰。

　　康熙六十一年九月初七日乾清門頭等侍衛喇錫奉旨，命撒回駐楚庫柏姓等候逋逃訊息之章京，今差遣章京筆帖式往探楚庫柏姓逋逃訊息，俟伊等返回後，再復差人，前往之後密加訪探俄羅斯訊息，差遣時由京城揀選章京筆帖式內賢能人往彼處差派，將此爾會同理藩院議之，欽此欽遵，揀選郎中鄂賴，筆帖式納延泰，乘驛派遣，鄂賴等抵達楚庫柏姓後，將俄羅斯察罕汗彼處諸事，同謝費耶斯科國〔註916〕交戰或相互和好，將由謝費耶斯科國俘來散居各處人等，遷駐給俄羅斯四城之處，俄羅斯同策妄喇布坦或和好或如何矣，策妄喇布坦侵掠托木斯克柏姓，與土爾扈特、俄羅斯反目，阿育錫汗〔註917〕與在恭喀爾汗間之齊汾申部亦反目等訊息眞僞，或察罕汗已滅，或被他國彈壓，爲何被逼行爲怪異矣，再立察罕汗孫，將尼布楚、伊爾庫斯克、楚庫、烏第柏姓等處十五歲以上人等調往，以及伊斯邁洛夫在途中被殺等緣由俱須詳盡訪查探訊，再喀爾喀丹津貝子〔註918〕所屬巴爾虎鄂欽齋桑逃入俄羅斯以來，伊等父子甚信賴俄羅斯，挑唆我等人逃遁者俱係此人，據聞現居住我方博喇、喀喇伊魯勒哨所附近，著鄂賴等會見鄂欽齋桑父子，賜給伊微物飲酒之後，以巧妙哄騙不使覺察，密詢彼處諸訊息，鄂欽齋桑或知曉俄羅斯行爲怪異，仍有來歸我等之勢，或竟心向俄羅斯，凡言語不使發覺，伊等於楚庫柏姓候駐，盡力獲取訊息，獲訊後歸來時向楚庫柏姓頭目交付，我等特爲〔註919〕我方之逋逃，聽聞伊斯邁洛夫復至訊息而來，今既無訊息，我等歸返，嗣後復差探訊人來告，將所獲訊息先報來，既然有關由外國人等探訊之事應甚機密，毫不可洩漏等情交付派遣，爲此謹奏請旨。

　　乾清門頭等侍衛喇錫。

　　左侍郎臣特古忒。

　　員外郎臣三達里。

　　主事臣班第。

[415] 山西巡撫德音奏爲補購運米駝隻事摺（康熙六十一年九月二十四日）[1]-3637

　　奴才德音謹奏。

〔註916〕譯者註，謝費耶斯科國即瑞典國。
〔註917〕屬土爾扈特部，《平定準噶爾方略》卷二頁三作阿玉奇汗。
〔註918〕屬喀爾喀車臣汗部，《蒙古世系》表三十四作丹津，父阿南達。
〔註919〕原文作我等持爲，今改正爲我等特爲。

據大同府知府藍廷芳報來，前往運米之大臣於九月內到來等因，奴才於九月三十日啓程往大同收駝，再今年巴里坤地方運米後留於彼處之駝內一半爲奴才省分之駝隻，一半爲直隷之駝隻，此駝之缺額不可不速補購餵養，奴才向來運米之大臣問明帶往巴里坤之駝數，奴才省分之一半駝隻豈敢動撥主子之錢糧，自奴才以下知縣以上情願捐獻，如數購之入營餵養，伏乞睿鑒，敕部施行，爲此謹奏。

[416] 山西巡撫德音奏為捐購駝隻事摺（康熙六十一年十月十二日）

[1]-3640

奴才德音謹奏。

今年運米攜帶奴才省分之駝四千七百十六隻，奴才現收取駝三千五百四十九隻，將所餘駝經運米大臣等查驗另奏外，奴才於本月十二日收竣駝隻，十三日啓程前往太原府，再據運米大臣行文內稱，今年都統圖斯海之隊伍內大半俱直隷之駝，山西之駝惟五百九十八隻，再直隷瘦弱之駝缺，將山西駝換取一百零二隻，留於巴里坤之駝內，有山西駝共七百隻等因，此七百駝之缺，奴才豈敢動撥主子糧餉，共同捐出速購入營餵養，謹奏以聞。

[417] 凉州總兵述明奏爲據實陳明營務廢弛事摺（康熙六十一年十月）

[2]-3011

凉州鎮總兵奴才述明〔註920〕謹奏，爲據實陳明營伍廢弛事。

奴才於伍月貳拾玖日接蒙部箚，奉特旨調補奴才凉州鎮總兵官，奴才於柒月初貳日到凉州鎮，細查標協營路軍裝器械馬匹缺少大半，凉鎮廢弛已在聖明洞見之中，是以調補奴才凉州鎮總兵，奴才敢不盡心竭力實心辦事，以仰副我聖主天高地厚之洪恩，奴才現今借支庫銀，差人往榆林一帶覓買馬匹，以壯營伍，現在清查一應事宜務期漸次整理，以圖仰報主恩於萬一，爲此謹差奴才第叁子西寧齎摺一併奏聞。

康熙陸拾壹年拾月　日凉州鎮總兵奴才述明。

[418] 山西巡撫德音奏報償還虧欠銀兩摺（康熙六十一年十一月初二日）

[1]-3642

奴才德音謹奏。

〔註920〕《平定準噶爾方略》卷六頁十二作參將述明，今陞任此職者。

奴才前經具奏償還各州縣虧欠之錢糧，每年擬完結二十萬兩，達十四萬兩後即奏聞，或解送部或解送他省料理軍餉等因，奉硃批諭旨，甚好，欽此。今已完結十萬兩，又將十萬兩封印前催完，現將十萬兩完結之處，咨行戶部外，謹具奏聞。

[419] 乾清門頭等侍衛喇錫等傳諭哲布尊丹巴使臣來告情形摺（康熙六十一年十一月初五日）[1]-3643

康熙六十一年十一月初五日乾清門頭等侍衛喇錫傳諭旨，哲布尊丹巴呼圖克圖使臣經將軍傅爾丹路而來，大將軍、富寧安、阿喇納等不知，爲呼圖克圖使臣前來，議政大臣等速繕文咨行伊，將行文奏覽咨送，欽此欽遵。呼圖克圖所遣使臣達爾漢托津之綽揚錫喇布抵至和通哨所，咨行揚威將軍公傅爾丹書稱，五月十八日抵至策妄喇布坦駐紮之特克斯河地方，八次會見策妄喇布坦，在彼處一百十日，九月初七日自伊犁河處啓程，將策妄喇布坦寄信呼圖克圖語，稟告我等，哲布尊丹巴呼圖克圖之文書禮品佛尊靈丹來至，知平安而歡忭，我亦承蒙三寶之護佑安好，我知曉行文緣由等語。復告稱，侵哈密，斬拉藏汗，此我過分之處，爲此被大皇帝憎惡，經呼圖克圖具奏大皇帝，知曉使眾生安居，弘揚黃教乎，等因具奏，將與綽揚托津〔註921〕一起之策妄喇布坦、博霽〔註922〕，及由二人帶領差遣，十月十七日抵至和通哨所地方稟報，咨行呼圖克圖之文及人員仍尚未至京城，俱行文知照大將軍王、將軍富寧安、阿喇納等。

[420] 理藩院郎中鄂賴奏報中俄交涉逋逃事宜摺（康熙六十一年十一月十三日）[1]-3644

理藩院郎中奴才鄂賴等謹奏，爲奏聞事。

奴才鄂賴等抵達楚庫柏姓之日俄羅斯副使郎卡來迎，請聖主安，次日郎卡率楚庫之頭目伊凡溫多里，相會於我等宿營地，詢問我等前來之事由，我等稱專爲我方逃人而來，爲逋逃事由部院遣派我等，致楚庫頭目之文書已交付楚庫頭目伊凡溫多里，問郎卡等，先前爲我等逋逃前來之理事官在此處時爾等云遲早即回覆前來，現候駐一年餘，並無回覆前來，蓋因我方人駐於爾處，有勞爾等，乃撤回，此間又三四月矣，今或覆文已抵達矣等語。郎卡等

〔註921〕本書第四二五號文檔作楚陽托音。
〔註922〕原文作博齋，今改爲博霽。

告稱，我方使者伊斯邁羅夫前往久矣，逋逃事之回文早應抵至矣，或因何由耽擱之處，我等亦不曉，自我處因他事所差解送咨文之人，至今亦並未前來，今海已結凍，或朝夕即抵達等語。郎卡又問奴才我等，戰地又有新消息否，又獲俘虜乎。奴才我等告稱，我大國之例，諸事斷不隱瞞於人，有者即有，無有即無等語，又告稱，我大軍分三四路進攻，克取藏地，克取吐魯番，進入策妄喇布坦大牧場，收復伊等厄魯特、烏梁海等事，爾在京城時均有聞知，此間由在外之將軍等處，仍照前將無數歸降俘虜之厄魯特、回子等解來等情，郎卡云我在京城時知戰地仍解送俘虜，上報喜訊，此間諒又獲有喜訊矣等情，詢問扎爾固齊，我等使臣伊斯邁羅夫字寄我書內稱，西費耶斯科國〔註923〕，非我等察罕汗〔註924〕所轄，賜與四城，和睦相處，先前我等奪佔，將散居之西費耶斯科國之人安置於所獲之四城，除此之外，我處並無他情等語。奴才等賜給駐楚庫之喀爾喀等布茶等物詳加誘問之，告稱今年秋季我察罕汗爲著伊孫皮約托爾·阿列克謝後日繼承皇位，頒示我全俄羅斯國，自我方楚庫、烏第、尼布楚等處數次派兵，調遣厄爾口〔註925〕等處，僅楚庫即有五十餘人前往，又將此處十五歲以上孩童記名攜往，五六年之多對我等兵丁未給糧餉，且自去年以來，或一次每男丁徵收銀錢四十五十，或每次各百，以此我處人等均自下抱怨等語。奴才等趁酒興又問，爾等察罕汗如何，爲何急於將幼孫嗣後繼位事頒示於眾，因有何事，屢將爾等邊界駐軍調遣，數年不發兵丁糧餉，反而由兵丁攤派，用於何處，告稱我等駐邊之人，衹曉我處之事，對察罕汗之事如何明白得知，由往返行人處聞知，我察罕汗每年征伐各處，因伊無子，欲著伊孫後日即位爲汗，爲知照於眾頒示之，我等鹽湖此方，不曉何事，調厄爾口等處之兵，增派駐鹽湖之兵，故將楚庫、烏第、尼布楚等處之兵，鎮守厄爾口，自我兵丁攤派者，作爲給鎮守鹽湖之兵廩餼等語。再又詳問西費耶斯科國給俄羅斯察罕汗四城之情，有人依照郎卡所言告之，有人云我國同西費耶斯科國因戰端二十二年矣，去年我二國相互收容之逋逃，均予遣返，友好相處，不知給與四城之情等語。說法不一，奴才等問爾等對西費耶斯科國給爾國四城，據云准予爾等先前所掠西費耶斯科國之人駐之，此等人對鎮守城足否，或增派爾等俄羅斯人雜居乎，補放何人爲頭目督駐等情，

〔註923〕譯者註，西費耶斯科國即瑞典。
〔註924〕譯者註，察罕汗，察罕蒙語白色之義，此處指俄羅斯君主。
〔註925〕譯者註，厄爾口，即今俄羅斯伊爾庫茨克城。

雖經詳問，均稱不曉，奴才等尚未得見鄂欽寨桑，鄂欽寨桑居住楚庫河上游距楚庫柏姓一日路程處，我等藉故尋之，不使發覺，會見鄂欽寨桑等，賜物，伊等父子狀況，所有消息詳細問明後，另行具奏外，謹具奏聞、

　　郎中奴才鄂賴。

　　筆帖式奴才納延泰。

[421] 阿喇納等奏請萬安摺（康熙六十一年十二月十五日）[1]-3654

奴才阿喇納等俯首跪請皇上萬安。

硃批，朕體安善，爾等可好。

奴才阿喇納。

奴才穆克登。

奴才丹津多爾濟。

奴才鄂海。

奴才莊圖。

奴才阿玉希。

奴才克席圖〔註926〕。

奴才楊昌泰。

奴才張洪寅〔註927〕。

奴才巴吉。

奴才佟莫克。

奴才額敏。

奴才圖巴。

[422] 阿喇納等奏報遵旨停止入京朝賀摺（康熙六十一年十二月十五日） [1]-3655

奴才阿喇納等叩首謹奏，為奏聞事。

竊接准兵部咨文內開，康熙六十一年十一月十九日總理事務王大臣傳旨，諭軍前將軍大臣等，朕謹遵大行皇帝諭旨，於本月二十日即位，國朝太平，朕頒即位恩詔，從軍八旗滿洲蒙古漢軍綠營兵蒙古兵所借銀兩，俱行蠲免，爾等皆為皇考所用元老，委以重任，不可親自前來，傅爾丹、祁里德曾

〔註926〕《平定準噶爾方略》卷十頁十四作副都統克什圖。
〔註927〕《平定準噶爾方略》卷三頁十八作總兵張弘印，時其為貴州大定總兵。

奏請來朝，今不必來，軍前堆子、哨地甚爲要緊，宜應小心謹愼，嚴察逃犯，欽此欽遵，爲此咨行等因，於康熙六十一年十二月初十日送至，奴才仰見皇上諭旨，率諸臣侍衛官兵望闕叩恩外，嚴巡哨地、堆子，愈加勤勉。又奉旨，爾等職守甚重，爾等不可親自前來，欽此。故奴才等不敢奏請，爲此謹具奏聞。

　　硃批，知道了。

　　奴才阿喇納。

　　奴才穆克登。

　　奴才丹津多爾濟。

　　奴才鄂海。

　　奴才莊圖。

　　奴才阿玉希。

　　奴才克席圖。

　　奴才楊昌泰。

　　奴才張洪寅。

　　奴才巴吉。

　　奴才佟莫克。

　　奴才額敏。

　　奴才圖巴。

[423] 輔國公延信密奏遵雍正帝旨收繳胤禎奏書及硃批諭旨摺（康熙六十一年十二月二十一日）[1]-3658

　　輔國公臣延信密奏，爲欽遵諭旨事。

　　延信宿住舉羅之日奉上諭，爾到達後，爾將大將軍王之所有奏書，所奉硃批諭旨均收繳，封閉具奏送來，倘將軍親自攜來，爾速陳其由，於伊家私書到達前密奏，倘爾稍有怠懈庸懦，使其觀家書而未全解送，朕則怨爾，途中若遇大將軍，此情萬勿被發覺，惟爾抵達甘州前，稱諭旨趕到，盡告彼處大臣等，爾抵達後即收領印信，掌權之後再行，此間事甚機密，爾之所有密奏文書，以大將軍有奏書之匣鑰匙，爾傳旨取用，若平常具奏，則普通封奏，札克丹等、太監等若強推諉謊稱將軍親自攜來，即行執拏，一面具奏，欽此。欽遵施行外，奴才於十二月初六日宿建安堡，是日大將軍王宿榆林，翌日初七日經雙山堡途中會大將軍王，見之下騾執手痛哭，我勸之進入店鋪，突然詢我，皇父何病，此事作夢亦未料到，有如此之例乎，痛哭不止。我告之，我等查倉完竣，十一月初六日前往海子具奏，是日我等俱面見皇上，主子面諭，詢問倉務，久議方散，是日主子氣稍虛，臉亦消瘦，翌日即入暢春園，我等八旗大臣等相約，初十日往請主子安，奉旨，爾等再勿前來，從此我等再未前往，十四日我等方聞之，各自前往，此事確不是夢。大將軍王一再哭泣，經我勸慰後啓程，我亦前來，初八日於榆林附近會見前鋒統領阿哥〔註928〕，亦照此稟告，延信我於本月二十日宿涼州，聞大將軍王之小福晉等，俱於此臘月初五日經涼州前往京城，降旨內稱於伊之家書到達前密奏，延信我惟念，大將軍王家之私書，伊之姨母同攜之不可料定，計算日期尚未抵至京城，自鎮靖仟京城有二路，一路經大同、宣府，南口進，一路經綏德州、汾州府、平定州，固關進，過正定、保定，前往京城，再由侍郎札克丹隨王前往，延信我抵達甘州查明另奏外，爲此謹密奏。

[424] 諭策妄喇布坦敕書[1]-3667〔註929〕

皇帝敕諭準噶爾台吉策妄喇布坦。

先是自博克達班禪處轉報奏書，經移譯後付爾使人巴爾賚回，康熙六十年二月二十日朕特遣存問博克達班禪之使人喇嘛達木巴噶隆，扎爾固齊鍾佛保〔註930〕及博克達班禪之使人嘎布楚羅卜藏喇錫賚班禪奏疏至，博克達班禪乃各法師得道之大喇嘛，絕無世俗之詭詐與虛僞行爲，博克達班禪疏言，近幾年因準噶爾兵來之後，毀壞寺廟殺戮大喇嘛等，解散衆僧，踐踏法度，耽擱多年，未能遣使問安等語。據朕之使臣喇嘛達木巴噶隆、扎爾固齊鍾佛保稟報，爾屬下策凌敦多布等至招地後無故殺害拉藏，殺戮大喇嘛等三十餘人，解退喇嘛三千人，驅散喇嘛數千人，毀壞紅教寺廟五百二十座，黃教之納木扎扎倉〔註931〕德耶玲、什達、扎克布里等四扎倉之諸喇嘛，俱皆驅散，摘取羅奇舒瓦里佛所掛之珍珠、東珠五條，將達賴喇嘛世代所聚之倉庫物品皆取之，商上牧群亦盡取無餘，班禪商上牲口亦取之，殺害班禪弟子多爾贊澤木巴顧吉里木布奇〔註932〕，盡掠其財物，捉拏班禪近身通事格爾干鍾內〔註933〕，

〔註928〕指弘曙，清聖祖第七子胤祐之子。
〔註929〕從文內知此文爲衆佛保自班禪處返回後康熙六十年所發於策妄阿喇布坦之書。
〔註930〕《平定準噶爾方略》卷一頁十一作主事衆佛保。
〔註931〕譯者註，藏語學院。
〔註932〕第二五五號文檔作多爾澤澤木巴、古濟里木布車二呼畢勒罕。
〔註933〕第一二七號文檔作格勒克鍾訥、第一三四、第四二四、第四二六號文檔有格勒克鍾內，應爲同一人。

盡掠其家業財帛，將在招地之富殷喇嘛平民商人及附近之巴勒布等人之財物
俱皆掠取，達賴喇嘛之商上已空空如也，俾土伯特人困迫已極，妻離子散，
橫遭劫掠，誠屬事實，故土伯特部喇嘛怨聲載道，皆言準噶爾所稱爲法度者
純係謊言，其乃眞正法度之頑敵，我等何時脫身，惟拯救我等者，非文殊師
利博克達皇帝莫屬等因祈禱不已，茲文殊師利博克達皇帝大兵前來，攻破法
度之敵準噶爾，收復招地，復興佛法猶如日月，倘準噶爾再佔據一二年，則
我法度生靈俱滅矣等語。再班禪自準噶爾兵來之後，數年來鬱悒至極，髮白
齒落，較前更爲蒼老，奄奄一息，見朕敕書特使，博克達班禪不禁心酸，淚
流而下，我臣等延請班禪至招地，我將軍大臣等爲進丹舒克而贈〔註934〕[達賴
喇嘛銀萬兩，博克達班禪銀五千兩，又]，(金銀)蟒緞(等物)，甘丹、沙拉、
哲蚌等大寺[各二千兩]，(給與銀兩)各寺廟熬茶，無一人偷搶，乃至兵丁皆
各視所得熬茶，彼此合睦相處，土伯特人視我武臣兵丁如同胞親，感恩祈禱，
日夜歡悅唱戲等語。此等之事，朕之使臣已一一稟報矣，茲覽班禪奏疏，方
知爾所謂爲法度之說顯係謊言，爾疏言念我昔日効勞，請予寬宥等語，達賴
喇嘛、博克達班禪自朕祖輩起歷經數代百餘年即爲施主祀神，作爲我衆佛法
施主祭祀之所，衆人所獻佈施雜物俱貯於達賴喇嘛庫內，以養贍各寺廟上萬
喇嘛，爾卻將庫物悉數擄去，成爲踐踏法紀，背棄誓言之大罪人，是我佛法
各施主〔註935〕，(阿里)喀木衛藏唐古特之公敵也，爾如此所爲，從古未有，
踐踏佛法，迫害法師博克達班禪，毀棄誓言之罪，即佛神亦難宥，爾罪大惡
極，須將所擄掠之達賴喇嘛、班禪倉庫之財帛牲畜，招地羅奇舒瓦里所掛之
珍珠、東珠，招地布達拉地方供獻之物，拉藏汗妻子、屬下人，我被擄兵丁
以上、侍衛以及與策凌敦多布等商議之果莽喇嘛〔註936〕，擄去之格勒克鍾內
一併交還，踐踏法紀，殺戮拉藏汗之策凌敦多布、車木珀勒〔註937〕、托布齊、

〔註934〕 譯者註，藏語禮品。
〔註935〕 原文作僧主，今改爲施主。
〔註936〕 此喇嘛爲哲蚌寺郭莽札倉之堪布喇嘛，非青海廣惠寺之敏珠爾呼圖克圖，亦
　　　　 非察罕丹津所奉祀之郭莽喇嘛甘肅拉卜楞寺第一世嘉木樣活佛阿旺宗哲。《東
　　　　 噶藏學大辭典　歷史人物類》上冊頁七〇言此郭莽喇嘛爲巴圖爾洪台吉第七
　　　　 子，然年歲相差太大，應非此人。《如意寶樹史》頁七八五後表一載噶爾丹有
　　　　 一子名郭莽洛卜藏朋素克，然當噶爾丹之敗，噶爾丹之女尚爲清聖祖強索至
　　　　 京，噶爾丹之子似不可存於西藏，《康熙朝滿文硃批奏摺彙編》第三二三九號
　　　　 文檔《理藩院寄密旨與署理將軍事務額倫特之咨文》清聖祖言西地果莽喇嘛
　　　　 乃準噶爾人，爲車凌敦多布兄，當以此説爲確。
〔註937〕 《平定準噶爾方略》卷六頁二十一作左哨頭目春丕勒。

三吉〔註938〕、杜噶爾〔註939〕等雖死〔註940〕，但將其屍體，妻子一併全數送
來時，朕之子大將軍王各施主會晤定議外，其人其物缺一不可，至策凌敦多
布之同犯第巴達克擦、格隆扎凱撒巴、阿召拉克、商上所屬卓里克圖鄂木布、
杜拉爾台吉、托和倫達西〔註941〕等六人，據土伯特眾人懇求曰，此六人皆依
附於策凌敦多布等迫害我土伯特人，毀壞法紀，無惡不做，罪不容留等語。
是以我將軍大臣等青海諾顏共議不可赦，遂俱斬之，至在甘丹、沙拉、哲蚌、
扎什倫布等大寺廟之爾準噶爾喇嘛共計一百五十餘人，亦爲土伯特各首領所
擒，再四請求不可不殺，故將爲首之五名喇嘛斬殺，餘者爲我大臣等挐解前
來，爾等凌敦多布等以爲法度之名帶領七千精兵前來，竭盡所能踐毀法度，
不駐守法度，倉惶潰逃，僅千餘兵丁自克烈逃奔而去，爾屬下之兵逃奔我者
甚眾，伊等所報與我使臣所言無異，前年從策凌敦多布等兵營來投我處之爾
厄魯特人俱言，我等皆爲佛法之徒，茲策旺拉布坦〔註942〕倒行逆施，踐踏沸
法，殺喇嘛毀寺廟，我等被迫犯罪毀誓，今仰賴聖主之威，欲於軍前効力，
誅殺準噶爾之敵，拯救佛法，解脫罪孽等語。與我軍同赴戰場討伐爾等，由
此應知爾所稱爲法度之行爲也，茲若我將軍大臣等收復招地，令全師駐守招
地，則將有擾土伯特之民，故留足守禦之兵，令眾兵撤回，於阿里路、克烈
路、噶斯路、哈吉爾、德布特里、喀爾津呼察路設兵防備，爾若再圖取招地
則來罷，我們如今已成世敵，爲各施主之大讐人，茲爾須遵旨將所有人物從
速送來，倘仍佯裝不知，藉口托賴，爾宜知道，朕斷不會就此甘休，必事無
完日，爲此將敕書付色布騰前往。

[425] 敕諭策妄喇布坦交還拉藏汗妻子及被掠人財事[1]-3668〔註943〕

皇帝敕諭厄魯特台吉策妄喇布坦知悉。

據哲布尊丹巴呼圖克圖差往爾處之使者喇嘛楚陽托音〔註944〕來報，爾已
遣使具疏謝罪等語。故命將軍遣官取爾奏疏，倘有口奏，亦命報來，據爾使

〔註938〕　《平定準噶爾方略》卷六頁二十一作三濟。
〔註939〕　《平定準噶爾方略》卷四頁十八作都噶爾。
〔註940〕　原文作杜噶爾尊雖死，今改正爲杜噶爾等雖死。
〔註941〕　此六人《撫遠大將軍允禵奏稿》卷十三《撤回入藏各路兵馬沿途供應充足摺》、
　　　　　卷十五《據延信稟曉諭布魯克巴等仍舊和好往來摺》作台吉第巴達克冊、噶
　　　　　隆扎什則巴、第巴達克冊家人放噶隆阿昭拉，達賴喇嘛商上屬杜拉爾台吉、
　　　　　卓哩克圖溫布、多霍樂達什。
〔註942〕　《平定準噶爾方略》卷一頁一作策妄阿喇布坦。
〔註943〕　從文內知此文爲康熙五十七年五月至八月間發於策妄阿喇布坦之書。
〔註944〕　《平定準噶爾方略》卷三頁十四作楚揚托音。

報稱，我台吉有言，凡奏書奏言，瞻仰聖主後纔啓奏等因，是以未交奏書等語。爾昔日犯哈密，盜竊噶斯軍馬，拒納使臣科西圖、保柱等人，詈罵遣回等罪，且仍以是言再四奏稱係爲三寶，如今竟然出兵殺害拉藏，以滅一家，爾口口聲聲爲之黃教，卻毀寺廟，殺戮喇嘛，擄掠供品，毀壞達賴喇嘛之金塔，以致逼諸蒙古所敬奉之法師博克達班禪圓寂，拉藏乃固始汗之後裔，朕冊封之汗，誠有依附紅教，於班禪不恭之罪過，亦理當上奏於朕，稟報老喇嘛哲布尊丹巴呼圖克圖及諸蒙古諾顏知悉，眾人議擬其罪，爾豈可獨斷專行，潛發兵卒，擅自殺之，若以拉藏於班禪不恭，殺索克奔爲由而殺之，則爾毀壞法度，逼死班禪，又該當何罪，去年七月策凌敦多布等領兵前往西招，青海台吉聞之甚爲憤慨，言策妄喇布坦如此輕視我等，我祖輩所立之法度豈容毀壞，我等宜應合力率兵征滅策凌敦多布等等語。朕亦擬派大軍乘冬季前往征討，蓋因青海人等委以馬畜瘦弱而候彼等，本年五月我大軍一萬青海兵二萬，整飭兵力，起程前往拯救西招，今日想必已到，拯救招地後，我軍將竟駐守招地，爾誠若爲之法度，則策凌敦多布等必候我軍，當面澄清事實，倘若不候而去，則顯係派之前來毀壞法度者也，策凌敦多布返回後，其如何毀壞法度等情量必知之矣，爾之同宗兄弟奴僕，外姓台吉等一旦得知毀壞黃教，違背誓約之罪，必視爾爲讐敵，豈能一心一意爲爾効命，對於爾之兵力地方形勢人心渙散四面受敵之情，朕皆稔知也，茲爾逼迫班禪圓寂，毀壞佛法，背棄誓言，乃屬罪大惡極，不惟朕不可寬宥，亦爲諸神各施主所不容〔註945〕，爾若誠心謝過贖罪，則將拉藏之妻、三子，被掠之寨桑奴僕，達賴喇嘛、班禪之使者及所掠各寺廟供佛物品，以及達賴喇嘛、班禪商上諸物委派爾可信之善人，速由巴里坤路送來，務必完整無缺，彼時再議，倘缺一人一物，或不知悔過，仍行抵賴，支吾推諉，則令我備於巴里坤阿勒泰之兵齊進，必當面明瞭此事，斷不姑息袒護，是以未准爾使入觀，將朕之敕諭交付來人帶回，爾閱此諭，儘快決斷，遣賢能之人於八月內馳速回奏，不得延誤，爲此特諭。

[426] 敕諭厄魯特台吉策妄喇布坦速來會盟事[1]-3669〔註946〕

皇帝敕諭厄魯特台吉策妄喇布坦知悉。

〔註945〕原文作經神各施主所不容，今改正爲諸神各施主所不容。

〔註946〕據《胤禛（允禵）西征奏檔全本》第一七七號文檔《將策旺阿拉布坦使人哈什哈留住西寧俟事定後再行遣回摺》（康熙五十九年六月初二日）知準噶爾使人哈什哈康熙五十九年尚被羈留於清廷，本敕書由此人携往，故此文爲康熙六十年發於策妄阿喇布坦之書。

先是爾逃避噶爾丹，僅領數人躲在額勒恩哈畢爾罕地方，甚爲窘困，自彼時起朕即派達呼扎爾固齊〔註947〕予以照料，其後噶爾丹屬下凡投奔爾處者，皆不追究，准以收留，使爾準噶爾得以保存矣，彼時內外，[滿洲，蒙古王大臣]（衆人）俱言[應剿]，（若留）策妄喇布坦，此姓向不可信，終不安生等語。朕軫念佛門生靈衆家，獨勸衆人言，準噶爾即爲一部落，容其保留等語止之，彼時爾甚謙遜，後因生計稍有起色，又騙取土爾扈特數人，意（漸）傲慢，仍以三寶爲辭，[無故]（尋釁），狂妄來奏，對此朕即疑爾有何深意，繼而無端突犯哈密，內外滿洲蒙古王大臣異口同聲，力主今日不可不討伐之，欲備[三]四路兵進剿，朕仍恤念衆生，兵立疆界，遣使科西圖、保柱等往查明緣由，爾拒納來使，將其無禮逐回，並搶去衣物，俾我使臣徒步赤身而歸，此乃前所未有，於此我駐邊人等甚怒，擅自領兵而進，朕聞後與哲布尊丹巴呼圖克圖馳速遞書撤兵，此事尚未完，又潛派策凌敦多布等，挑選（六千精）兵，妄殺拉藏一家及黃教紅教之大小喇嘛，毀壞寺廟，驅散四大寺廟喇嘛，土伯特喪敗，殺戮多爾怎澤木巴、顧吉里木布奇，致使博克達班禪鬱憤交加，力不能支，俯身倒下，聞此所有四十九旗扎薩克、七旗喀爾喀、青海諸台吉、內王大臣等咸俱奏言，策妄喇布坦毀壞我等共奉之法度，茲不可不收復招地，以復興法度等語。朕以爲衆言甚是，准予施行，朕爲法度生靈之心素來赤誠，此事必成，遂諭朕之子大將軍王[頒給達賴喇嘛之呼畢勒罕金印冊加封]，爲振興佛法，遣衆施主前往，我諸臣衆施主至布克沙克地方後，策凌敦多布等[領兵迎接]來盜馬匹，未得逞，早爲[我]（青海）兵斬殺，抱頭潰逃而去，據聞爾初派策凌敦多布等往招地時曾盟誓爲黃教而不惜生命，吾心誠則事必成等語。如若心誠則策凌敦多布等理應候朕所遣振興法度之諸臣衆施主及達賴喇嘛坐牀，共商弘揚法度之策，如今策凌敦多布等反而小氣，前來盜我馬匹，可見爾所謂爲之黃教是假，而行盜馬小事是眞，朕自加答木、顏答木、喀木所遣之將軍噶爾弼等於八月二十三日至招地，（第巴達克薩〔註948〕等來迎投順），取招地後，四大寺及各寺廟爲首之喇嘛，唐古特第巴格隆等俱言，今日方復見日月，得以再生，清除了佛法之橫梁，從此法度生靈可享安逸矣等語。歡欣祈禱，喜盈各寺，又據報稱，於我四大寺廟內有準噶爾策妄喇布坦之喇嘛一百十一人，其中有爲首喇嘛五人，深得策凌敦多布、車木坡爾〔註949〕、托布奇〔註950〕等之信賴，凡殺喇嘛毀寺廟皆伊等所為，請殺伊等，以解我喇嘛及土伯特人心頭之恨等語，遂捆綁來獻，我將軍噶爾弼曰，伊等皆為出家喇嘛，縱然有罪，但未奉我聖主諭旨，不可擅自殺喇嘛等語。衆喇嘛、唐古特等頻頻叩請誅殺，故無奈聽伊等之言，將五名為首之喇嘛殺之，將達賴喇嘛所屬商上各庫咸俱加封，嚴飭各兵丁及隨行人等，凡寺廟民人之物斷不可犯，由此可見，爾借法度為名，實則欲佔取土伯特，離間法度施主及蒙古人，朕仁愛法度衆生之心出自至誠，故今日收復招地，扶持達賴喇嘛，興廣黃教，行大吉大福之事，所有與聞者皆歡喜焉，爾好征戰，毀壞法度，四面為敵，乃至屬下皆已心寒絕望，唯爾尚不知，如花馬之毛，來人各懷異心，爾常講計謀，今已落入他人圈套，尚未察覺，爾不與我軍交兵，唯夜襲偷盜馬群之計耳，凡爾等生計兵力諸情，我等在此是否全知，問爾使者即可明白矣，我軍前大臣等對爾等洞若觀火，瞭若指掌，遂堅固營壘，備足諸色兵丁，分隊遣發，恨不得將爾人畜搶劫一空，我武臣蒙古王台吉、青海、土伯特、阿木道、喀木藏衛所有喇嘛與爾俱結下深讐大恨，今日乃至，嗣後爾棄教而生耶，爾棄教亦無何妨，爾屬下庫奔諾顏庶民等豈能棄教與爾共生，如今爾已危在旦夕，切宜三思，適纔我駐巴里坤之將軍富寧安，掌管馬群之侍衛阿拉納，駐阿勒泰之將軍傅爾丹及諸大臣蒙古王台吉等俱年少氣盛，對爾毀壞法度甚為憤恨，本年擅領兵馬各自前進，祁里德依一人不能阻止，亦同進，富寧安、阿拉納等兵至烏魯木齊等地行搶，攻取吐魯番，朕聞之使人命止之，因路近撤兵，棄吐魯番而歸，傅爾丹、祁里德依等擄殺阿爾泰山林之烏梁海，直挺入霍博克、薩里、俄米爾一帶，其因路遠，撤回為遲，據聞爾派達木巴哈西哈、桑吉領兵二千來盜馬匹，我少年武將奮力迎戰，將爾兵丁斬殺甚多，達木巴哈西哈棄纛而逃，桑吉身負重傷，為二人橫馱而回，不知眞假，伊等擅自領兵奮勇，濫搶擄殺，朕已責之，朕為老人，至今尚為爾著想，我王大臣等蒙古諾顏，舉國上下皆怪朕，如今無法救爾，我等為爾說甚麼，唯對爾屬下衆生靈殊為惻然，是以欲遣使往，爾必以每有啓奏，貴部不以其語上達為詞而推託，爾又不信任爾所遣之所有使者，報事則不信，反會遭到疑殺，故使臣等返回後，不發瘋便自刎，不棄報實言，對朕所遣之臣爾又不信任，雖遣使亦無用，今皇子大將軍王已率大軍收復招地，

〔註949〕《平定準噶爾方略》卷六頁二十一作左哨頭目春丕勒。
〔註950〕《平定準噶爾方略》卷四頁十八作托卜齊。

西土之事既定，自來年正月始，皇子大將軍王將同喀爾喀、青海、四十九旗諾顏起程，由阿勒泰一路，吐魯番一路，額勒恩哈畢爾罕一路，分三路前往與爾會盟議結，在此期間，無論再派何人，亦無濟於事，皇子大將軍此之前去，乃爲議事，而非討伐爾，但此去必會帶兵前往，策凌敦多布赴招地與拉藏議事時亦領兵六千前往，皇子王諸王大臣等此行帶些人，亦係理所當然，若不如此會盟，則事暫不能了結，且累及生靈，是以爾須與皇子大將軍王約定一地，或於爾居所，或於額勒恩哈畢爾罕，烏魯木齊等地會議之處，著於來年正月之前速遣使人奏定，倘不啓奏，則皇子大將軍王諸王台吉等即赴爾處會議，爾將拉藏妻子，屬下人等及班禪之徒格勒克鍾內，果莽喇嘛等即行送還（償還倉物），或俟皇子大將軍王到後再給之處，爾自知之，切勿枉費朕體恤芸芸衆生之心，不聽老人言，日後將悔之莫及，爲此，將敕諭交付使人哈西哈〔註951〕賫往。

[427] 敕諭策妄喇布坦派使人奏明殺害拉藏汗緣由事[1]-3670〔註952〕

敕諭厄魯特台吉策妄喇布坦知悉。

爾指稱爲黃教，定拉藏汗投降紅教之名，暗遣策凌敦多布等五人及兵數千入招地，殺戮拉藏汗，毀壞黃教寺廟十餘座，驅散喇嘛等，將紅教大小寺廟及其佛陀盡毀無遺，將紅教之大喇嘛多爾濟拉克曼鍾鈴等俱殺之，如博克達班禪之身之多爾怎澤木巴兄弟二人被溺水身亡，擾害土伯特之民，因逮捕哲蚌等廟之大喇嘛，各寺廟之喇嘛紛紛散去，法度公然遭到踐踏，爾兵至招地後，博克達班禪自扎什倫布寺親往勸阻，策凌敦多布等竟不從博克達班禪之言，對博克達班禪毫不留情，故博克達班禪痛不欲生，被迫絕食拒飲，未至扎什倫布禪座，即於色爾都克津廟圓寂矣，聞此之事，舉朝皆驚，佛教乃全蒙古共奉之教，朕大施主，達賴喇嘛、班禪、固始汗法道爲一，相互遣使修福已歷三代九十餘年矣，青海諸台吉念其祖固始汗舊好，前來朝覲，自願奏請封名號，朕待伊等如賓，並未視之爲奴僕，各自於其地照例安居樂業至今，爾前指稱爲三寶再四奏請於朕，而今日竟無端殺戮（固始汗之孫）拉藏

〔註951〕第三四六號文檔作策妄喇布坦使者哈希哈。
〔註952〕此文似爲康熙五十七年五六月間額倫特進兵之前所發於策妄阿喇布坦之書。《平定準噶爾方略》卷卷五頁四載，總督額倫特於康熙五十七年四月初五日擒獲策零敦多卜遣赴青海之使羅卜藏等八人，命主事奈曼代護送京，此文即由羅卜藏送之。

[汗]，大傷法度者，或策凌敦多布等照爾指示而行，或策凌敦多布等擅斷妄爲，委實難明，前拉藏汗、博克達班禪疏請言，經拉木垂鍾〔註953〕驗後，確認扎克布里之呼畢勒罕〔註954〕爲達賴喇嘛〔註955〕之呼畢勒罕，現土伯特人心不穩，請准扎克布里之呼畢勒罕坐牀等語。朕諭曰達賴喇嘛乃全蒙古共奉之大師，關係重大，達賴喇嘛之牀請博克達班禪於布達拉暫坐，達賴喇嘛之呼畢勒罕尚無識認憑證，眞假難辨，豈可輕准坐牀，務必驗明其身，經各方認可，誠心順服，方可准以坐之，朕雖爲大皇帝，但衆意不從，不能認爲是達賴喇嘛而強立之，是以推辭，後拉藏汗會同青海台吉等奏請言，未准班禪坐達賴喇嘛之牀，若不冊封達賴喇嘛坐牀，則土伯特人心不穩，將有誤喇嘛之教也等語，朕無可奈何，難辭固始汗之孫及衆意，故派大臣等與青海大小台吉共議，准予坐牀矣，後因拉藏再四奏請賜封，始封爲六世達賴喇嘛，頒給冊印，但未如五世達賴喇嘛〔註956〕授以稱號，每年遣使往來，印上唯書六世達賴喇嘛，況前年達賴喇嘛、班禪之使者來覲，賜宴時朕以爲該達賴喇嘛之使者不能照五世達賴喇嘛之使者例坐於班禪使者之上，遂令坐於班禪使者之下，爲此拉藏去年具疏奏言，五世達賴喇嘛之使人向令坐於班禪使人之上，此皆滿拉木巴衰藏夥同扎噶拉尼等小人妄奏所致也等語。朕對該坐牀之呼畢勒罕始終未予確認，如今青海之扎西巴圖爾、戴青和碩齊等啓奏，確認德爾格特地方出現之新呼畢勒罕〔註957〕爲達賴喇嘛之呼畢勒罕，朕即副衆意，請入塔爾寺學習經書，朕亦未曾斷言該呼畢勒罕是假，不能坐達賴喇嘛之牀，全蒙古共奉之喇嘛，宜當共同確立，豈能各自隨意立之，倘若隨意各自爭立達賴喇嘛，則朕亦立一達賴喇嘛，又有何不可，此絕非可以擅自之事，敕諭甚明，此等之事，策妄喇布坦爾想必已聞耳，法度乃公衆之法度，並非爾一人之法度，朕乃大施主，拉藏汗誠若依附紅教，有悖佛法之處，爾亦應曉諭衆人，共同定議，即暗遣兵馬，策凌敦多布等殺害拉藏汗，毀壞寺廟，擒殺衆喇嘛，以致事情惡化，一統法度事大，彼此備兵設防事小，法理大事不可久拖，故爾速派賢者前來陳明緣由，若有何意亦一併奏來，爲此大

〔註953〕即拉穆寺之吹鍾，拉穆寺在今西藏達孜縣拉穆鄉，拉穆寺之吹鍾爲藏地四大吹鍾之一。

〔註954〕指爲拉藏汗所立且爲清廷冊封之六世達賴喇嘛阿旺伊西佳木磋。

〔註955〕指五世達賴喇嘛阿旺羅布藏佳木磋。

〔註956〕指五世達賴喇嘛阿旺羅布藏佳木磋。

〔註957〕指七世達賴喇嘛羅布藏噶勒藏佳木磋。

事，朕本應派專使往送敕書，但恐如若遣使，爾又以部臣推脫，藉口不信任而予阻攔，以致將誤大事，是以派策凌敦多布等遣往青海諸台吉處三人中之羅卜藏、巴巴二人，攜敕諭前往爾處，遣希拉布等前往策凌敦多布等處矣，爲此特諭。

[428] 敕諭厄魯特台吉策妄喇布坦速派人奏明緣由事[1]-3671〔註958〕

皇帝敕諭厄魯特台吉策妄喇布坦知悉。

朕乃統馭天下之大皇帝，願率土之人仍各享安樂，故於喀爾喀、青海、厄魯特之衆以仁化安撫，令於各地照常安居，茲爾疏言，奉大皇帝敕諭，大小皆欲討爾，朕與哲布尊丹巴我二老不願加害生靈，喜好使之安逸，故而勸止之，欽此。聞敕諭之意，豈非弘揚不破之法度，使我衆照常安居者乎，是以不勝歡忭，欲遵旨回奏各事緣由，但部不令我傾訴，故不能交該使賫奏，今蒙恩鑒弘揚法度，恤憐衆生，若乘此時機，遣如侍衛喇錫之賢能人爲使，則各事緣由即可詳奏等語。爾無端來犯哈密後，舉國皆言爾不可信，是以朕於各邊界備兵以駐，爾又暗自派兵殺害拉藏，毀壞寺廟，驅散喇嘛，擾害土伯特人民及衆生靈，此皆由爾引起，於招地用兵破壞法度，我駐邊大臣侍衛等聞此憤恨，實不可忍，擅領些許漢軍，不顧地方遙遠，氣候惡劣，挺身而入，是以馬畜羸瘦，兵略有損，統兵侍衛色楞領布達里、達克巴藏布等前往與爾之策凌敦多布及爾會議道法，可告訴伊等，遣爾可信賢能之人陪伴前往，至爾之所有來使，朕無不召見而遣之者，爾仍以爾之言語由部刪削不予轉達爲詞推託，故我今暫不遣使，茲策凌敦多布等佔據招地，因其地爲我陝西四川雲南交界處，各邊豈可不派大兵固守，故遣皇子大將軍王領京城滿洲蒙古大軍前往西寧，爲法度與青海人等若議弘揚佛法，拯救土伯特之民恢復原道，伊等以爲應行則即行之，至班禪是否在世一事尚屬不明，來人頗多，問之無一人見過，達賴喇嘛〔註959〕已囚禁於招地，現在塔爾寺有新呼畢勒罕〔註960〕，班禪是否在世，呼畢勒罕以孰者爲眞達賴喇嘛，法度如何弘揚，黃教交付於誰等事，已遣人致書於策凌敦多布，約一地會盟定議時，遣與爾

〔註958〕由《胤禎（允禵）西征奏檔全本》之第二十六號文檔《胤禎奏報甘肅青海駐兵調防情形摺》（康熙五十八年三月初五日）知，此文書爲康熙五十八年三月瑚必圖出使西藏策凌端多布之同時所遣於策妄阿喇布坦者之文書。
〔註959〕指爲拉藏汗所立且爲清廷冊封之六世達賴喇嘛阿旺伊西佳木磋。
〔註960〕指七世達賴喇嘛羅布藏噶勒藏佳木磋。

使同來之二人與我大將軍王使臣，新呼畢勒罕使者，以及青海諸台吉使者一同前往策凌敦多布處，爾今既奏請慈鑒弘揚法度，安逸衆生，遣一賢使來等語，則將班禪是否存世之眞情，及有在扎〔註961〕什倫布之達賴喇嘛之呼畢勒罕，有在塔爾寺之達賴喇嘛之呼畢勒罕，孰可坐牀，誰可爲教主，如何弘揚法度之處，爾須速爲定奪，否則將爾肆無忌憚毀壞法度寺廟，佔據土伯特地方之種種情由，本意如實奏聞，至爾雖言與拉藏無讐，爾兵係爲法度而殺之，既已殺父，豈可留其子與爾處耶，爾將拉藏之妻、噶爾丹丹津、蘇爾匝〔註962〕、小兒子〔註963〕及屬下人等送來，（與）侍衛色楞等[現在爾處]一同，皆須派爾可信之賢者陪護，俟將眞實情由詳告具奏後，可定議爾之事，若將爾使帶來京城後遣之，則稽延時日，故繕敕書交與阿旺達西同來之一人帶去，將阿旺達西本人及同來之一人帶到京城查明後遣之還，其中之二人與皇子大將軍王遣往策凌敦多布處之使臣，達賴喇嘛呼畢勒罕之使者，青海諸台吉之使者一同遣往策凌敦多布處矣，爾若再事推託，不速派可信賢人前來，則係貽誤法度衆生之大事矣，爲此特諭。

[429] 敕諭策妄喇布坦擇地面議並交還拉藏汗妻子事[1]-3672〔註964〕

皇帝敕諭準噶爾台吉策妄喇布坦知悉。

閱爾使巴爾帶來之奏疏，爾唯承認錯誤，乞求涵容，卻未陳策凌敦多布等盜劫朕爲法度而遣往說和之鄂倫泰〔註965〕、侍衛色棱等及其馬畜，殺我兵丁，抓走色棱等人之罪，亦未將色棱等人及拉藏妻子送還前來，爾口口聲聲爲之三寶，卻背著朕及各施主偷取招地，以圖霸佔諸蒙古，爾受人挑動，野心勃然，始舉兵征伐，茲知事已不成，唯欲謝罪了結，此斷然不可，[朕爲大皇帝雖欲安撫衆生寬宥於爾]，各施主朝中王大臣等皆憤言，策妄喇布坦斷不可信，故朕亦無奈，擬旨交爾使哈西哈宣諭，該敕書尚未到，如今爾非但不將拉藏妻子送來，且竟未提起我侍衛色棱等人，故再降敕書，交爾使巴爾馳速賫回，爾接閱此二道敕書後，須速派爾可信弟子與皇子大將軍王，各蒙古施主商定於何地

〔註961〕此處補扎字。
〔註962〕《平定準噶爾方略》卷三頁五作台吉蘇爾扎，拉藏汗次子。
〔註963〕《蒙古世系》表三十八拉藏汗第三子作色布騰。
〔註964〕從文內知此文爲康熙五十九年九月十五日清軍已定藏後而班禪使人未至京之前發於策妄阿喇布坦者。
〔註965〕《清代職官年表》總督年表作湖廣總督額倫特。

面議之事，若不與爾面議，則此大事斷不能了結，將我[侍衛等]（人等）及拉藏妻子即送至大將軍王處後再行面議，或面議之時再給還之處，著爾（從速）定奪，[爲此降敕]（現據西地來信，招地既定），土伯特人對準噶爾恨之入骨，將爾準噶爾喇嘛俱執之畀我軍斬矣，將第巴達克咱〔註966〕等爲準噶爾出力之所有人等俱令正法，班禪額爾德尼甚爲愉悅，多年使人爲準噶爾所阻，急赴招地，所遣使人尚未到來，目下固守招地，多餘兵馬皆已撤回，爾等屬下投順我軍者甚衆，策凌敦多布等慟哭哀號，棄械窘困之情，我等之人及青海、土伯特人等盡人皆知，即〔註967〕使爾等伊犁之形勢，今我等亦無不知者，爾無論何以粉飾，亦掩蓋不住，今惟應說實，自毀壞法紀，殺戮逐斥喇嘛以來，爾屬下人衆亦怨聲載道，心灰意冷，以致紛紛各作打算矣，爲此特諭。

[430] 諭策妄喇布坦防範哈薩克等來侵等事[1]-3673〔註968〕

奉旨，將策妄喇布坦使人垂木坡爾〔註969〕由此遣回，爲此遣散秩大臣羅卜藏錫拉布〔註970〕，侍衛祁里德依，（章京蘇金泰〔註971〕）等與使人同往，令伊等備厚衣乘驛由此前去，伊等至推河後，向喀爾喀等均取馬駝乾糧後，沿使人垂木坡爾來路前往，可致書於策妄喇布坦，此書朕親擬，大學士與在此處之議政大臣等議之，策妄喇布坦是否受封之事尚勿庸議，禁止爾商使前來，乃因爾將我使皮禪囚於布哈地方看守，故斷爾商使前來，爾去年遣使往哲布尊丹巴呼圖克圖處，本年又遣使求朕，爾疏內所言乞求安逸衆生一語，朕以爲甚是，朕之所爲，唯安撫天下衆生耳，而非霸取他人所有，爾北臨哈薩克、布魯特皆爲敵人，不能會盟，故而停止，此次於圍場遇爾使人，朕恩恤有加，爾等之生計，我們俱知悉也，爾等之人皆由各處會聚而成，真正之兵馬甚少，我此處諸事俱不隱瞞，故於爾亦明知耳，爾若在於我等亦有利，爾若不在，則哈薩克、布魯特人皆如牲口，難道進入爾地不生事耶，欽此。

〔註966〕《平定準噶爾方略》卷六頁九作第巴達克咱。
〔註967〕原文作既，今改正爲即。
〔註968〕白新良先生之論文《康熙後期經營西疆失載年月滿文檔案考辨》一文定此文檔爲康熙五十一年歲末所書敕諭底稿。
〔註969〕第二十六號文檔作策木波爾。
〔註970〕《清聖祖實錄》康熙四十六年七月辛未條載，以厄魯特羅卜藏西喇卜爲散秩大臣。此人屬察哈爾。
〔註971〕第二十六號、第七十七號、第二〇七號文檔有員外郎蘇金泰，爲同一人。

[431] 諭策妄喇布坦當面會盟事[1]-3674〔註972〕

奉旨，遣賫書回子往策妄喇布坦處，此次行文內，即不稱敕書，亦不叫部文，唯書致於策妄喇布坦，書曰，先是爾來文推賴不通朕之所言，至是閱爾之蒙古、回文書，內言乞請使我等三部落之人安居樂業等語，喀爾喀、青海、厄魯特皆於各自故土仍舊富貴，太平安逸，除爾從中調唆外，全青海、厄魯特、喀爾喀安然無事，今爾反出兵尋隙，來犯我哈密，爾屬下之人皆抱怨曰，兵起殺人，今無寧日，朕在此皆詳知此情也，爾無故犯我哈密，且以通話爲口實，屢次賴稱使人相議，爾若通朕之所言，則爾之福也，倘不通此意而害眾生，則必獲罪，若不通話，可以繼續前進，直至通話之地，茲太平安謐之際，誰無故滋事，擾害眾生，誰則咎由自取，此事爾很明白，爾來文稱繼續前進，我們唯請爾來，爾若不來，我軍現正挺進，將赴爾處當面會盟議結，否則爾所謂不通話有害眾生之詞皆虛也，欽此。

[432] 康熙帝硃諭一紙[1]-3675

著口諭納木扎爾王〔註973〕，這幾年未見，甚爲想念，故特賜食物數種，鼻煙裝入新琺瑯鍋內，朕親手裝包，以火漆印封寄。

[433] 諭拉藏汗派兵赴藏援剿策妄喇布坦事[1]-3678〔註974〕

奉天承運皇帝詔曰，諭翊教恭順汗拉藏〔註975〕。

[朕乃天下之君，統馭環宇，不分內外，撫養恭順，懲治忤逆]，先是爾兩次疏言，七月初四日策妄喇布坦之兵來擄我納克產邊界之博木保部落，我等欲備兵討伐，其既已來我處，想必亦出兵青海耳，茲請將此情馳速〔註976〕奏聞皇上，策妄喇布坦昏愚妄爲，無所顧忌，此次命策凌敦多布領兵六千，其中三千兵馬於七月十九日到此，至八月初九日於險要處砌營牆以駐，攻而不克，其後留於克里葉地方之三千兵馬業已抵我納克產地方，五月十五日於達木地方與戴青和碩齊約定，公同奪攻克，以延請班禪額爾德尼，土伯特之兵

〔註972〕此書似爲康熙五十四年準噶爾侵襲哈密之後發於策妄阿喇布坦者。
〔註973〕屬喀爾喀車臣汗部，《蒙古世系》表三十三作納木札勒，父諾爾布。
〔註974〕此奏摺擬目不當，應爲諭拉藏汗抵禦準噶爾部之侵。從文內知，清廷此時尚不知拉藏汗已被殺，故此諭拉藏汗之文爲康熙五十六年八月至十月間所發。
〔註975〕即拉藏汗，和碩特蒙古統治西藏之第四代汗，顧實汗圖魯拜琥長子達延鄂齊爾汗之孫，父達賴汗。《平定準噶爾方略》卷一頁八載所封汗號爲翊法恭順汗，時遣護軍統領席柱、學士舒蘭往封。
〔註976〕原文作此請馳速，今改正爲此情馳速。

雖衆，因自幼未經征戰，故不甚〔註977〕好，而我蒙古兵馬不多，茲奏請皇上
垂念黄教，體恤土伯特衆生，雪中送炭，自青海速派兵馬前來等語。爾前殺
忤逆之第巴〔註978〕，送假呼畢勒罕〔註979〕前來，又能守佛法，故念爾祖固始
汗以來，達賴汗、達賴巴圖魯〔註980〕和睦往來，封爾爲汗，自爾封汗以來，
念能欽遵朕旨而行，故屢次降旨諭曰，策妄喇布坦不可信，其詭計多端，爾
自防備，（派人勸勿遣子去），至是，策妄喇布坦果自阿里克進犯爾處，爾務
必遵旨防備，今據爾疏言，我及土伯特之兵力有萬餘，策妄喇布坦之軍拒戰
二十餘日等語，可見以爾之力似能易克策妄喇布坦之兵也，矧其兵乃不義之
師，無端毀壞佛法，且遠路窘極〔註981〕，途食人犬，心甚絕望，被迫而來，
爾如今固守疆土，又頻調各處兵馬，愈知戰則必能輕取之，唯切勿懈怠，落
入策妄喇布坦之圈套，守護班禪額爾德尼，於三寶宗喀巴守護神，道法之主
朕之庇佑下，望必可成就大事。茲據悉貝勒達顔、盆蘇克旺扎爾、色布騰扎
爾等發兵助爾，調我西寧四川松潘等地滿漢兵以備，我軍前往必軍威齊整，
浩浩蕩蕩，故而不能即刻到達，目下我將軍大臣等，爾之兄弟左右翼台吉等
正共商議備兵事宜，爾等父祖向來供奉之佛門之地爲策妄喇布坦所侵佔，全
蒙古之人豈有坐視甘休之理，矧策妄旺喇布坦既然與爾爲敵，即以前爾之青
海兄弟與爾曾有些[不]睦之處，亦係爾之骨肉，且朕諸多年來軫念固始汗，予
以撫養，其亦斷不會另起二心，爲此爾切勿有疑慮，本年我三路大軍挺至策
妄喇布坦邊界，殺的殺抓的抓俘虜的俘虜，策妄喇布坦亦並未報復，據悉伊
謂屬下人等言，我等之內皆爲敵人，我今日保護爾等，卻不能保護自己等語。
策妄喇布坦之子噶爾丹車凌〔註982〕用兵哈薩克後，杳無消息，據言哈薩克掠
走策妄喇布坦西界之數千人，連其妻子俱被擄掠等語，我大軍若進取策妄喇

〔註977〕原文作堪，今改爲甚。
〔註978〕今常寫作第巴桑結嘉措，《欽定西域同文志》卷二十四頁三載，桑皆佳木磋，
　　　　初爲總管衛藏四屬第巴，即以第巴名封王爵，賜印，後得罪，爲拉藏汗所誅。
〔註979〕指第六世達賴喇嘛蒼揚佳木磋，清廷初不承認其達賴喇嘛之地位，後默認之。
　　　　《欽定西域同文志》卷二十三頁三載，蒼揚佳木磋，阿旺羅布藏佳木磋之呼
　　　　必勒汗，出於門拉烏克玉爾蘇木，坐布達拉、布賴賁、色拉寺林，拉藏汗別
　　　　奉阿旺伊西佳木磋爲達賴喇嘛，乃送京師，至西寧涅槃，未列世次。
〔註980〕《蒙古世系》表三十七作多爾濟，顧實汗圖魯拜琥第六子，達賴巴圖爾爲其
　　　　號。
〔註981〕原文作遠路窘報，今改正爲遠路窘極。
〔註982〕《蒙古世系》表四十三作噶爾丹策凌，繼其父爲準噶爾汗。

布坦遊牧之地，則策妄喇布坦除被迫無奈，率領些許人躲避外，並無可去之處，其即便前往西地，伊屬下人等豈俱隨之去耶，爾若攻取策妄喇布之兵，則將爲首人等執之來獻朕，爾既便受損兵力不支，但策妄喇布坦其人斷不能留，滅策妄喇布坦於我等乃易如反掌，[來年我]大軍挺入，必剿滅無疑，爾要放寬心，此間事情如何了，將消息不斷奏報，爲此，趕擬敕書，特遣領催宣諭。

[434] 諭尚書富寧安赴軍中與將軍商議相機而行事[1]-3682〔註983〕

諭尚書富寧安，此次朕派爾前去，乃爲可靠起見，[而非欲使爾陷入絕境也]，事關重大，凡事須細心推究，無事則諭爾等撤回，一旦有事，策妄喇布坦若傾力而來，近則指授調遣事宜，相距遙遠，遇有緊要之事，往返馳驅則需二十日，而軍機之事不可遲誤，爾到彼之後，若有調遣之事可不奏請，會同將軍商議，酌情而行，又新滿洲隨朕行走嫻熟，諳練探哨，可選派十名隨爾前往，法腦〔註984〕乃隨朕行走熟諳之人，於探哨等處甚爲有用，亦隨爾前往，新滿洲內爾若有稔知者可帶之去，與都統阿拉納〔註985〕同往之副都統吳昆〔註986〕，爲人平常，熟諳征戰，爾途中若遇，可帶回去，欽此。

[435] 諭侍郎滿柱速赴青海審案事[1]-3688〔註987〕

派祁里德依時朕曾詳諭祁里德依切勿滋事，處事惟求得中，時喇錫、古木布等亦在，祁里德依並非辦事之人，能將其事之應與否，日後如何結局，如何爲之之處預先籌畫而行，自祁里德依去後，青海事端略有發生，迷惑伊〔註988〕之事情，著侍郎滿柱〔註989〕去後查明，又所有來奏之人皆云扎西巴圖爾聽人唆言而行等語，扎西巴圖爾乃七十多歲之人，豈能毫無主見，而屢屢受他人之挑唆耶，扎西巴圖爾乃年老甚爲謹愼之人，觀其所言所行，日後問其之時必會道出其意，或事推諉，亦未可料，蒙古人性情

〔註983〕《平定準噶爾方略》卷一頁十二載康熙五十四年四月十四日遣富寧安赴巴里坤軍前，白新良先生之論文《康熙後期經營西疆失載年月滿文檔案考辨》載此文書載於《御製詩文集》，日期爲康熙五十四年七月初二日。
〔註984〕《平定準噶爾方略》卷一頁十五作新滿洲侍衛法惱。
〔註985〕《欽定八旗通志》卷三百二十一作滿洲鑲黃旗都統阿勒納。
〔註986〕《平定準噶爾方略》卷一頁十八作吳坤。《欽定八旗通志》卷三百二十七作漢軍鑲白旗副都統吳坤。
〔註987〕本文應爲康熙五十三年扎什巴圖爾去世前一兩年之文書。
〔註988〕原文作迷感伊，今改正爲迷惑伊。
〔註989〕疑爲滿篤，時爲兵部侍郎。

貪得無厭，朕理事年深，向無偏倚，凡事俱秉公辦理，今夫青海人等屢欲討伐拉藏，朕皆降旨阻止矣，辦理蒙古事務，若能[不偏不倚]秉公辦理，以仁安撫，方爲有利，人心亦欽服矣，青海人等皆新歸誠向化，封爲王貝勒貝子公之人，其中因瑣屑偷盜之事彼此兵戎相見，以起戰端，豈可與我內扎薩克相比焉，倘若內扎薩克如此而行，我們豈不治罪耶，但青海之事何能照此辦理乎，又蒙古性情，辦理其事時若能不偏不倚公正辦理治罪，方能心服，如果治罪指責存有偏心，不但其心不服，且其他之人亦會心寒，烏喇特台吉南冲奏言，我們蒙古人可以拋棄孝敬父母，卻斷不能背離其主，此言甚是，蓋感戴朕恩，誠心歸服之故，況且我等征噶爾丹，兵臨近前噶爾丹竟不知，未得一點消息，由此觀之，蒙古人心可信，朕辦理事務不偏不倚，公正而爲，故青海人等，乃至唐古特皆感激朕恩，滿柱爾須擇賢能章京隨行，乘驛馳往，迷惑祁里德依之事，如經審明屬實，即應於彼地正法，但若有誤，亦應將我等之人治罪，[第巴〔註990〕在世之時]於青海週圍興風作浪，[扎西巴圖爾等豈不知耶]，殺第巴者爲拉藏耳，由此可見，拉藏之功大也，此事依議，著擬旨奏覽，欽哉。

[436] 康熙帝上諭一紙[1]-3692〔註991〕

著賞賜富寧安銀五千兩，阿保、巴濟各二千兩，路振聲一千兩，前鋒統領、副都統等各五百兩，該銀不論何項，概自綽奇處支給。

[437] 大學士馬齊議奏王扎西巴圖爾奏疏摺[1]-3795〔註992〕

竊臣等會議得，理藩院議奏王扎西巴圖爾奏疏，奉旨，著大學士馬齊會同公阿靈阿議奏，欽此欽遵，查得青海王諸台吉自仰慕聖主教化前來投順以來，各封以王貝勒貝子公，恩施重厚，比年又陸續降旨，爾等皆爲固始汗之子孫，應和睦相處，(兄弟之間勿）生兵征，爾等既隨朕之教化，絕不會與爾爲敵，爾等內部切勿自毀和平，伊等親自前來，抑或遣使，每來頒敕，又派大臣等令其諸台吉會盟，屢次降旨，但親王扎西巴圖爾等並不遵旨和睦相處，伊等之內彼此反目，王扎西巴圖爾派兵逼死達賴戴青之子額爾克巴爾都

〔註990〕今常寫作第巴桑結嘉措，《欽定西域同文志》卷二十四頁三載，桑皆佳木磋，初爲總管衛藏四屬第巴，即以第巴名封王爵，賜印，後得罪，爲拉藏汗所誅。

〔註991〕此諭旨於本書第二八九號文檔《吏部尚書富寧安奏爲賞物謝恩摺》（康熙五十八年正月二十五日）引用，可知此諭旨之日期。

〔註992〕時間待考。

爾〔註993〕，將其奴僕佔爲己有，[又](前)誣陷達顏台吉，幾乎殺之，將達顏台吉送到後，又霸據其奴爲己有，蒙聖主洞鑒達顏無辜，將達顏送回故地，給回其被佔之奴僕，使其復得生業，聖主曾經降敕曰，拉藏亦爲固始汗之子孫，著爾等共同和睦相處，而王扎西巴圖爾屢屢奏請欲兵討拉藏，(又聽信惡人之言，奏報拉藏發兵來征，已屬虛假)，羅卜藏盆蘇克〔註994〕乃[一平白](無名)小台吉，且口出狂言自己領兵劫掠番人，罪人扎西巴圖爾理應即刻拏送前來謝罪具奏，卻非但不拏送前來，反而奏請羅卜藏盆蘇克(年幼無知)，且爲固始汗之子孫，年紀甚小，祈請寬宥等語。所奏(前後相悖)，殊屬不合，由此可見，王扎西巴圖爾聽信讒言，蓋爲其一己私利耳，絕非誠心誠意共爲固始汗子孫者也，(茲)事出之後，若再以固始汗之孫前來請求[可乎]，(固始汗子孫甚衆，扎西巴圖爾當欽遵皇上諭旨，一視同仁)既然如此，此奏勿庸議。

[438] 議政大臣議奏招撫巴塘里塘等事摺[1]-4113〔註995〕

臣等會議得，接准四川總督年羹堯疏稱，呼畢勒罕喇嘛達瓦喇木扎木巴自里塘寄至打箭爐之書已譯閱，內稱據聞第巴達克匝〔註996〕咨文巴塘稱，策凌敦多布執進藏大軍五百人以去，留於藏地，茲將自巴爾喀木等地送至打箭爐等語。其意乃借此之機窺探內地形勢，蠻人消息雖有不實，但亦不可不備，目下預備滿漢兵二千於三月十五日左右起程，赴要隘固守，茲省城無虞，俟獲實信，臣率標下兵五百出邊以備，若賊另有奸計，則謹防以行，事畢一面留兵固守一面退回省城辦事，倘云臣不可輕動，則道員高其倬不避辛勞，有應變之才，可替臣前往，西藏之第巴達克匝乃策凌敦多布之信用之人，與賊合謀奸計，不問便可得知，自西寧進剿之軍理應送回西寧，且由此路交付達克匝送來，此蓋爲日後保全達克匝，志在借此之機窺視內地形勢，倘若自四月返回，正值草青之際，務必我軍在前，使賊軍隨後，用我軍衣服旗纛，以

〔註993〕達賴戴青《蒙古世系》表三十七作策旺喇布坦，顧實汗圖魯拜琥第六子多爾濟之子。
　　　　額爾克巴爾都爾《蒙古世系》表三十七作額爾克巴勒珠爾。
〔註994〕《安多政教史》頁四十七載顧實汗圖魯拜琥第七子瑚嚕木什額爾德尼岱青有一子名拉本，其孫名羅卜藏朋素克，疑即此人。
〔註995〕此摺所議事爲本書第二九九號文檔《四川總督年羹堯奏參護軍統領溫普不能約束滿兵事摺》(康熙五十八年二月初六日)與第三零八號文檔《四川巡撫年羹堯奏明進藏路徑並藏內情形摺》(康熙五十八年三月十三日)，故可知此諭旨之日期。
〔註996〕《平定準噶爾方略》卷六頁九作第巴達克咱。

圖小利，擾我邊境等語。查爲此次進兵西藏之故，聖主於諸事籌謀周詳，密頒諭旨，尚未發往年羹堯，伊全然不知，故如是以奏，既然如此，請抄諭旨，密發總督年羹堯，茲年羹堯奏稱伊親自領兵前往防範，雖爲是實，但四川省之庶務及松潘、打箭爐兩翼之軍務，糧餉甚爲重要，故年羹堯切不可動，（硃批，現經商議）候青草出，命都統法拉〔註997〕領兵起程，前往招撫里塘、巴塘，若送人消息屬實，則照年羹堯所奏，令高其倬率兵五百往，會法拉軍，商議而行，若送我五百人來，則問明來由，令兵就前接收之，所遣人容若善，則曉喻來人，自我大將軍王處特遣使臣與達賴喇嘛之呼畢勒罕〔註998〕之使者，青海王台吉之使者同往策凌敦多布處，再大將軍王統領大軍前往，與爾策凌敦多布會議政教事宜，爾台吉策妄喇布坦亦特遣阿妄達西〔註999〕向我大皇帝奏書，如若有事，可呈書於我大將軍王，里塘、巴塘等地皆爲青海台吉之轄屬，爾等不得肆居於此，亦不可擾害伊等，須從速返回等語。寬待料理畢遣之返回，倘若借此窺視內地形勢，用我國衣服旗纛，設計抗拒，則即剿滅之，切不可掉以輕心，借此送人之機〔註1000〕，又從雲南中甸潛派人員，亦未可料，故將此等之事咨行駐雲南之都統武格，松潘之副都統寧固禮〔註1001〕等，各自探信，嚴守哨所，若送還我方之人消息有誤，則令高其倬率其所帶兵馬返回，都統法拉照原議攻克里塘、巴塘，招撫察木多地方事畢奏聞，又據奏稱若送該五百人到，則其爲官者即行查明正法，爲兵丁者各送回原籍等語。前奉諭旨，此次進剿官兵有功而無罪耳，欽此。然而該五百人至西地，知其地方形勢及其賊情，多爲征戰之人，故俟其到後，即將諭旨宣喻官兵，滿洲官兵併入荊州滿洲營，綠旗官兵併入四川綠旗營，照常給食錢糧，撥給器械等項具備，以資効力，其跟役無用之人，由高其倬撥給乾糧，妥善送回各自原籍。

又據奏稱，護軍統領烏木普〔註1002〕等擾害番人，接受上述所報之事，且有牽連，故而未議等語，現既然將烏木普帶回京城，故年羹堯所奏則勿庸議，

〔註997〕《欽定八旗通志》卷三百二十四作蒙古鑲白旗都統法喇。
〔註998〕指七世達賴喇嘛羅布藏噶勒藏佳木磋。
〔註999〕第二九一、第二九二號文檔作阿旺達希。第三一九、第四二八號文檔作阿旺達西。
〔註1000〕原文作借次送人之機，今改正爲借此送人之機。
〔註1001〕《欽定八旗通志》卷三百三十一作荊州副都統寧古禮。
〔註1002〕《欽定八旗通志》卷三百十八作護軍統領溫普。

到年羹堯爲招撫里塘〔註1003〕、巴塘所奏之事，經商議已令都統法拉領兵進駐打箭爐，該咨文因尚未至年羹堯處，方有此奏疏，軍務事關重大，然相距遙遠，往返行文相互交錯，亦未可料，茲已抄密旨發送，既然諭內授略精詳，則年羹堯詳閱，再對照前後所行之事後核定，凡事酌情而行，此等之事，亦行大將軍王知會可也。

[439] 議政大臣等奏進致總督額倫特等文稿[1]-4121〔註1004〕

議政大臣等（遵旨）致書於總督額倫特、領班色楞、公策旺諾爾布、都統胡希圖、領班阿齊圖、和尚等。

竊准副都統宗扎布〔註1005〕等報稱，爾兩路兵相隔不遠等語，爾兩路已會師克取招地則已，倘取不成，相互抵牾，則今正值冬時，或固守或糧秣難至，則巧妙調回以保全斯軍，駐守要隘等事，爾等身居地方，自然熟知，務必詳細籌畫，（果敢）穩妥而行，我等[不可]從此處[臆斷]（若從此處請示〔註1006〕，則地方遼遠，必不能說是），爲此寄去。

[440] 議政大臣奏進咨行總督年羹堯之文稿[1]-4122

議政大臣咨行總督年羹堯。

覽爾賫奏之摺子，奏報已抵肅州之事，摺內將提督路振聲誤寫爲路振揚，（瓜州、沙州誤寫爲滾沙州），爾職司邊塞要職，親抵巴里坤兵營後，不奏報軍糧形勢等要事，軍機當前驛站甚爲緊要，（爾已至肅州），將此等瑣屑之事，反勞驛站賫奏，且不詳閱奏報皇上之事，便賫奏者，殊屬不合，嗣後凡遇此等瑣屑之事，斷不可擾勞驛站傳遞，俱候奏事之便一併報送，爲此咨行。

[441] 佐領伯奇奏請將宗堆暫隸諾爾布佐領摺[1]-4144

竊准厄魯特散秩大臣車凌〔註1007〕派新編土爾扈特佐領侍衛伯奇來報，自招地來降之厄魯特之宗堆於編佐領前至此，故先安置於散秩大臣諾爾布處，後編土爾扈特佐領，以侍衛伯奇爲佐領，編來降人等爲佐領後，將留於諾爾

〔註1003〕原文作招扶里塘，今改正爲招撫里塘。

〔註1004〕從文內知此文爲康熙五十七年冬季發往額倫特軍前者。

〔註1005〕原文作宗禮布，今改爲宗扎布，《欽定八旗通志》卷三百二十四作蒙古鑲黃旗副都統宗查布。

〔註1006〕原文作此處猜示，今改正爲此處請示。

〔註1007〕疑爲《蒙古世系》表三十八所載顧實汗圖魯拜琥長子達延鄂齊爾汗之孫車凌，其父索諾木袞布。

布處之宗堆亦歸隸伯奇佐領，茲謂散秩大臣諾爾布曰〔註1008〕，該宗堆乃歸隸伯奇佐領之人，倘留在爾處，且有逃避之事，焉能承擔〔註1009〕，據諾爾布言曰，我給伊娶了妻，若帶走唯帶宗堆去可也等語。宗堆則獨自一人不來，再將藍翎車木波爾、哈西哈亦俱歸隸侍衛伯奇佐領，安置於我等屬地內，告稱伊等往各處探望兄弟親戚，即隨意前往京城、熱河各地行走，我等告誡伊等曰，爾等皆為官吏，不可恣意而為，伊等言我等皆為皇上之侍衛，非爾等所屬者也，故伊等為所欲為，伊等皆為俘獲之人，長此以往，萬一出逃，我等實不敢當，將伊等如何處置，請侍衛寄信訓教等語，是以遣賢能領催一員遣書訓誡藍翎束木波爾、哈西哈曰，爾等皆為俘獲（應殺）之人，蒙聖主[免殺]寬仁，以為侍衛，賞給生業家畜，如今生計安穩，爾等不虔誠感戴高厚之恩，（想是因）不知法度，不聽從該管(散秩大臣車凌，佐領伯奇等)(人員)之訓語，為所欲為，實屬非也，若將爾等所作所為奏聞御所，必以爾等為負恩[之人]，而不屑一顧矣，切不可再如此不從管教也等語。再宗堆先前來時即安置於散秩大臣諾爾布處，諾爾布為其娶了妻，宗堆既不願離妻而來，則請暫隸諾爾布佐領，或俟來降人眾，再編佐領時再議宗堆事可也。

[442] 翁牛特王倉津奏請隨皇子往征策妄喇布坦摺[1]-4145〔註1010〕

翁牛特王倉津跪稱，我乃一平白蒙古男童，蒙聖主垂愛我之祖父，將我封王招為額駙，仰承格外之恩甚重，無以為報，今叛逆策妄剌布坦〔註1011〕毀壞佛法，侵害土伯特之民，父皇為救護佛法及土伯特民，派皇子率大軍出征，西招、青海皆為蒙古曠野，若云佛教施主，則於我扎薩克蒙古亦有份，我理當効力，非因自命不凡而欲前往，但願〔註1012〕作皇子阿哥之跟役朋友，不離左右，跟隨驅使，以盡我心。至於本旗兵，有率領前往之台吉及所派大臣在，我僅帶我侍衛朋友附屬之丁，以極少之力前往，阿哥去何處，則與阿哥同行，今日即起程回家整備，十二月返回，隨阿哥前往。

硃批，蒙古王額駙等出征者甚多，矧蒙古地方亦甚緊要，斷不可去，應派則豈不早就派耶。

〔註1008〕原文作散秩大臣諾爾布目曰，今改正為散秩大臣諾爾布曰。
〔註1009〕原文作焉能承提，今改正為焉能承擔。
〔註1010〕此文應為康熙五十七年十月胤禎奉旨出征至年底前所上奏摺。
〔註1011〕《平定準噶爾方略》卷一頁一作策妄阿喇布坦。
〔註1012〕原文作但原，今改正為但願。

[443] 侍衛喇錫奏進致厄魯特策妄喇布坦之文稿[1]-4161〔註1013〕

侍衛喇錫書致厄魯特策妄喇布坦。

御前待衛喇錫呈請渾台吉安，台吉寄語此次使者哈西哈日，侍衛喇錫爾念舊好，助我使者以善言具奏大皇帝，仰蒙恩旨下頒，能使我厄魯特安無兵刃，雖係大皇帝之仁，但傳宣論旨之鴻福緒餘亦爲爾之福也等語。聞此寄語，憶及台吉初見我時給與款待情，茲無奈盡我之愚略陳管見，以爲提示，即如所謂紙雖薄不捅不破，人雖智不言不明，台吉曾對我言，以侍衛之見，大皇帝愛我與否，日後將會如何等語，時我妄言爾若忠心投順大皇帝，則將永享安逸，倘仍照此而行，終遭兵刃之苦，如今果然如此，然爾仍固執己見，言吾地遙遠不能來，圖我何也，我又落入弓箭者乎等語，爾生性養成心驕意狂，凡事不納忠言，卻聽從各種迎合於爾之盆蘇克丹津、阿布都拉額爾克寨桑及一些驕矜少年小人之言，往犯哈密，此尚屬小事，爾卻詭稱全爲黃教〔註1014〕，敗壞了法度，所謂此事之失誤，乃今世來世之罪，且遺臭萬年，爲佛教所共讐者也，不知台吉爾意若何，我每念及此，爲爾（毛骨）悚然，試問何謂，若仍以台吉爾爲是，爲教稱實，則我問台吉，昔日固始汗、大第巴〔註1015〕、巴圖魯渾台吉〔註1016〕扶持黃教之際，有紅教否，渾台吉未必詳知，當時喀木藏衛三地寺廟數千，其中除沙拉寺、哲蚌寺、甘丹寺、扎什倫布寺等大廟外，向以紅教寺廟居大半，而黃教寺廟居少半，彼時若滅紅教於黃教有利，則大第巴、固始汗、巴圖魯渾台吉等豈不滅之耶，上溯宗喀巴之師昭阿迪殺以上諸師，那一個爲黃教，釋迦牟尼辭世之際，給阿難達留下遺言，吾圓寂後第四十年，三倍於吾之蓮花生善慧佛降誕，今日聞其所講秘密陀羅尼經，則今日成佛，阿難達爾見此尊佛，即可得菩薩之道等語，此經台吉想必未曾見過。再台吉爾言將博克達班禪爲黃教之堪布等語，堪布蒙語稱爲席勒圖，將天下至尊舉目共瞻如天之博克達之號，欲降爲堪布者，係薦揚耶或貶謫乎，又言博克達班禪安好等語，因班禪師傅奉班禪之命殺父輩之呼畢勒罕，博克達班禪方獲暢快安好也，倘未奉班禪之命殺之，則班禪何以安生，即使是奉班禪

〔註1013〕據文內知此文爲康熙六十年之文書。
〔註1014〕原文作權爲黃教，今改正爲全爲黃教。
〔註1015〕似指顧實汗入藏推翻藏巴汗政權時五世達賴喇嘛之第巴索南群培，又名索南饒丹。
〔註1016〕《蒙古世系》表三十七作多爾濟，顧實汗圖魯拜琥第六子，達賴巴圖爾爲其號。

之命殺之，班禪亦負有敗壞菩薩之道之罪名矣，又稱詛咒蓮花善慧之紅教，詛咒我等語，施詛咒者被殺，而被詛咒者爾安然無恙，可見不實也，倘若信以為眞，好不可惜，況且爾若率其喇嘛等咒爾敵逆教哈薩克、布魯特俱死，則無人侵犯爾國，可享太平，又何必殺之。

又聞渾台吉爾稱策凌敦多布等解慰宗喀巴之法度等語，茲我處自策凌敦多布軍中來降被擒之準噶爾、杜爾伯特、和碩特、土爾扈特人等俱言，我等至招已有四年，侵犯寺廟喇嘛等之罪，並非我等所願，為渾台吉所逼迫而為之，應殃及渾台吉等語，紛紛自喇嘛處領受洗禮，此言若為唐古特、拉藏之人告訴，我等亦不信，蓋為爾屬下人之語，則我誠為台吉爾不勝惶悚，台吉爾今日亦應知之矣，爾焉能逃脫敗壞法度，破壞誓言之十惡五刑之罪，即如常言道，為蝨子所惱則將襯衣擲於火中，因小失大也，人生在世皆無百歲，如泡沫如寒霜如蒸氣如夢幻，轉瞬即逝，生於南瞻部洲，幸逢佛法，得以全身，倘由此級而降，再得則難矣，台吉甚惜甚惜哉，我荷蒙大皇帝太平之恩，今年已五十有餘，因博覽經書，得聞一些如何行善，除一己之利外，尚為他人謀利之經語，若不為台吉爾勸解，亦不我之罪過，故提示之，大汗國如須彌山堅固，其恩仁博如江海，爾國則如紙炮仗，其仁如牛蹄印上所存之水也，今其禍近在眼前，是乃世禍，無可奈何，破壞誓言之罪將無窮盡哉，台吉爾誠能悔過，虔誠祈禱，我則向文殊師利皇帝、博克達班禪、哲布尊丹巴三佛虔誠祈禱，以請消釋知與不知之罪，則其罪將倖免耳，若仍不悔悟，率爾如炮仗一燃即爆之國與如須彌山之國征戰，此又何必呢。人生在世為名利，為自己，為靈魂，為子孫，為國家，爾為何也。此乃我之肺腑之言，全係為爾，而絕非惱爾氣爾輕視爾，如金似寶之言，說爾何處為是，成為用白駱駝奶洗亦洗不掉之故事矣，譬喻爾區分紅黃之說，台吉爾一子好戰，一子尚理，好戰者為國，尚理者亦為國，人豈可言好戰者乃為台吉之子，尚理者而非台吉之子耶，爾雖敗壞法度，但眾生靈仍享佛引導之福，而我大聖文殊師利皇帝愈加擴廣法度，若非皇上弘揚，佛法早亡矣，我乃大皇帝委任專司佛經、蒙古事務之人，故唯引經文[詞句]（直陳）利害，經曰罪乃無形，知罪而虔心悔過，其罪可消釋等語，若爾照經而行，必有善處，倘仍自以為是，固執己見，則枉費一生也，為此咨呈。

[444] 哲布尊丹巴呼圖克圖奏進致策妄喇布坦文書稿[1]-4164〔註1017〕

稱名哲布尊丹巴者書呈寄準噶爾台吉策妄喇布坦。

吾蒙三寶賜福，[仰荷大皇帝愛撫之恩]安然無事，[唯]（盡力）爲眾生造福，台吉貴體及子民皆安否，昔日爾無端來犯哈密，無嫌隙爲宗教起兵，吾雖遣使傾心相勸，爾卻不納吾言，茲爾（聞）四面受敵，焉保何疆何土，大皇帝之軍已雲集阿勒泰、巴里坤、吐魯番，（雖）(兵來)六年[餘]，愈於各處耕田築城囤糧，今唯屯田築城以居，循循前進，將至伊犂，台吉爾思之，誠抵達爾處，爾將如之何，吾此言絕非嚇爾，形勢如此耳，如今爾(身處困境)（豈可斷言尚未至絕境)，[爾一人]自己已想錯矣，因爲錯誤，被人所騙，以至準噶爾、輝特、杜爾伯特、土爾扈特眾生靈塗炭，吾心不忍，若特（又）遣使誠心向化，則吾老朽將爲爾準噶爾眾生靈力請聖主，吾蒙聖主寵愛，想必不會有辱老叟之顏耳，台吉爾深思之，人生而無法無道，每日每時不得安逸，疲於征戰，豈非太苦耶，我老朽以仁義之心爲爾擔憂，是以寄言訓示，切勿懷疑等語。合喀爾喀言語，其內若有不當之語，可斟酌刪減，大體即照此文意擬送，對此信之言，策妄喇布坦若無順從之意，甚有難色，則前去之喇嘛可謂之曰，我師傅密授於我，策妄喇布坦若欲取名號而有爲難不便之處，可照其祖父之舊禮，請安入貢，奏請聖上恩鑒，吾亦將其不便之情奏示聖上，倘蒙皇上明鑒准行，豈不爾之造化耶，吾亦沒辦法矣等語告之可也。

[445] 哲布尊丹巴呼圖克圖奏進致策妄喇布坦之文稿[1]-4165〔註1018〕

哲布尊丹巴呼圖克圖書致厄魯特台吉策妄喇布坦。

值此之際，我以老者之心提示，眾生靈蒙大聖主之恩，安居樂業，爾云爲三家，無端來犯哈密，以至朝中滿洲蒙古王諾顏大臣等調三路兵馬，奏請大皇帝曰，策妄喇布坦狂妄至極，倘不派大軍剿滅，終不可靠等語。大汗稟性仁慈，諭言此乃策妄喇布坦一人之過，諸多生靈何罪之有，遂命遣使往問緣由，爾仍借三家之名回奏抵賴，大汗再次容忍，復遣使前往，爾卻拒受來使，半途加害逐回，又派人偷盜駐噶斯路兵營馬匹，爲此駐疆將軍王諾顏大臣等甚怒，未經請旨即率偏師輕裝起程，逼近爾境問罪，我聞此極爲擔憂，馳速派人奏請大皇帝罷兵，聖主自遇我以來以喇嘛之禮善待，蓋因皇上仁

〔註1017〕從文內知此文當爲康熙六十年之文檔。
〔註1018〕從文內哲布尊丹巴呼圖克圖年八十三歲及準噶爾發兵阿里而未言拉藏汗被殺之內容，可知此文爲康熙五十六年上半年之文書。

慈，當即馳派人追趕武臣，命之退兵，布魯特路之兵遇爾厄魯特卡倫之一群厄魯特烏梁海，滿洲蒙古兵將其該殺者殺之，生擒十八人，又於噶斯路拏獲衰占〔註1019〕之子車凌敦多布〔註1020〕一人，我一併帶之來請聖主遣回，使其各與父母兄弟妻子完聚，我又奏請聖主曰，若憐憫策妄喇布坦則請再次遣使往，我亦遣使啓迪等語。大皇帝諭曰朕不必遣使，爾欲遣則遣罷，欽此。故老叟我爲宗教及眾生之利，再次遣使勸告爾，史云世無長久，人無百歲，而名流千古，思惟此世來世，唯法度哉，法之源乃道，道毀必生靈塗炭，而法又從何而來，征戰於兩世皆無益也，自爾起兵端以來若非我反復奏請大皇帝罷兵，茲將如何，何以得知，即使目下，此三路兵馬宜驅爾營地中，又將會如何，即爲此軍殺掠流離驚亂之禍不少也，況滿洲兵現有數萬人馬進駐我杭愛、扎布喀等地，我等喀爾喀曾疑懼如此大軍由此遙遠之地焉能運送乾糧，給何物爲足矣，今以萬萬牲畜運送糧米，往返無誤，積存米畜，於阿勒泰、巴里坤等地屯田無數，糧食食之不盡，據我聞該駐紮之兵皆爲邊疆之兵，京城之精銳一個亦未派出等情，盛傳今冬皇子將率京城精銳來阿勒泰、科布多，來年越阿勒泰於鄂隆武、布拉罕、額爾齊斯屯田，修築城池，與爾不戰，頻頻推進，拓展遠古漢人之楊巴爾嘎孫、博羅塔拉及額楞哈畢爾罕等地以駐，不知眞假，倘果眞越過阿勒泰，則爾屬下之人等何以居焉，昔日爾謂我使者楚陽托津〔註1021〕曰，我厄魯特猶如花馬之毛等語，一旦有事，此等之人豈能與爾同心共事，台吉爾即爲材技優長，孰諳軍務〔註1022〕，陳兵與滿洲拼死抵抗，滿洲以幾十萬兵力輪番攻爾，每戰爾必損失，爾僅有數萬兵馬，倘力盡兵敗而死，豈不有玷好漢之名（我等名聲亦不好），倘若不能死，不能抵禦，即被迫逃往葉爾羌〔註1023〕、喀什噶爾、安集延、溫都斯坦、土爾古特等地居住，則爲人奴僕而生乎，抑佔地爲主乎，好不可惜，有辱名聲哉，雖生何意，我乃爲造福生靈而出家之人，爾無端借爲三家之名來犯哈密，塗炭眾生靈，既不能守住爾祖父之故土奴僕，以致四分五裂，近在且夕，我知之不忍，是以寄言勸解，爾納我之言，於爾弟子中派一可信賢能之人〔註1024〕入奏謝罪，

〔註1019〕 《蒙古世系》表四十二作衰藏巴噶，哈喇忽剌子墨爾根岱青孫，父阿海。
〔註1020〕 《蒙古世系》表四十二作策凌端多克，哈喇忽剌子墨爾根岱青曾孫，父衰藏巴噶。
〔註1021〕 《平定準噶爾方略》卷三頁十四作楚揚托音。
〔註1022〕 原文作孰諸軍務，今改正爲孰諳軍務。
〔註1023〕 原文作葉爾肯，今改正爲葉爾羌。
〔註1024〕 原文作腎能之人，今改正爲賢能之人。

老叟我替爾力請大皇帝，皇上爲老者，稟性仁慈，顧念我老叟之面，想必給爾生路（有寬宥之處），誠寬宥爾，爾之準噶爾得以保留不散，照常生活，我等喀爾喀、厄魯特仍舊共存，統一道法，留於大皇帝外疆，以爲抵制逆教哈薩克、布魯特、白帽、俄羅斯之屏藩，安居樂業，尊崇宗喀巴教，兩世無悔，生而榮耀，死而無辜，且祖父之名屬地奴僕皆可保全矣，況且又聞爾已由阿里克路發兵等情，此次派兵，想必爾或征伐拉藏，或助拉藏往犯青海耳，此事如若屬實，則我等俱知阿里克路甚爲狹窄陡峭，地方高險，難以通行，若由此派兵，則爾人畜亦斷不能完全到達，即使能取西土，大皇帝、道法之主及顧實汗之孫青海台吉，全蒙古等又豈能坐視爾霸佔招地，毀壞法度耶，爾若欲助拉藏犯青海，則大皇帝疆界西寧四川松潘等地之大軍及全青海台吉之兵共有數十萬，豈能讓爾經過諾莫渾烏巴西、穆魯斯烏蘇耶，我乃出於至誠，推心置腹，灑淚相勸，老叟之赤心乃爲爾爲衆生靈也，爾切勿再猶豫，我老叟除爲法度生靈外，年已八十有三，又圖何名何利，爾本爲準噶爾名人之後，且聞爾亦有知識之人，爾至今不從不靠大皇帝仁化，由此觀之，妄聽小人讒言，以致不信不從耳，今有爾之舊屬盆蘇克丹津喇木扎木巴等人俱在京城行走矣，其國之大，大皇帝之仁德，問之豈有不知焉。況四十九旗扎薩克蒙古皆爲成吉思汗後裔，投靠滿洲業已百年有餘，世享榮華富貴，各據領土奴僕，安居樂業，我喀爾喀順隨聖主仁化三十餘年，太平逸樂，彼此成親。僅扎薩克蒙古一家即有上萬奴才，科爾沁十旗則有十萬之衆，此情爾等亦聞耳，難道伊等皆爲庸碌而倚靠滿洲耶，此等之事，爾應深思再四，善自爲謀，以我之意，今爾身處險境，有幸則可以活命，失則決不復得，甚至毀滅，而今〔註1025〕台吉爾與其爲三家不如保爾一家，凡事台吉爾深思之，以免後悔等語。今爾喀爾喀語句，應添者添之，應刪者刪之，寫爲呼圖克圖之書，交使者送去。

[446] 理藩院奏進致厄魯特台吉色楞多爾濟等咨文摺[1]-4179〔註1026〕

理藩院致書於厄魯特台吉色凌多爾濟〔註1027〕，色凌敦多布〔註1028〕。

前年策妄喇布坦無端來犯哈密，故調我軍前往阿勒泰、巴里坤、噶斯等

〔註1025〕原文作而令，今改正爲而今。

〔註1026〕據文內知此爲康熙五十六年之文書。

〔註1027〕《蒙古世系》表四十二作策凌多爾濟，哈喇忽剌子墨爾根岱青曾孫，父袞藏巴噶。

〔註1028〕《蒙古世系》表四十二作策凌端多克，哈喇忽剌子墨爾根岱青曾孫，父袞藏巴噶。

地，此非征剿之師，乃爲禦守之兵也，再我大国例定，軍機之際，凡往來行人須挐問緣由，爾等之卓里克圖、羅卜藏達西等人來青海貿易，爲我方之人挐解前來，詢據稱係來行商之人，別無他故等情奏入，奉聖主諭旨，此輩爲色凌多爾濟、色楞敦多布〔註1029〕之人，既然別無他故，著賜遣回，欽此。故賜卓里克圖、羅卜藏達西遣回，再普天眾生皆爲聖主臣民，雖策妄喇布坦之人，變爲皇上臣屬，唯策妄喇布坦一人之過，與庶民何干，況昔日於策妄喇布坦頒旨遣使，策妄喇布坦、庫布恩諾顏於屬下匿而不宣，此等情由，爾台吉屬下人等不知，亦未可料，故蒙聖主明鑒，遣達呼扎爾固齊前往策妄喇布坦處以來，將聖主所頒諭旨及策妄喇布坦所奏各事，咸俱抄清，交付卓里克圖等帶去以爲知之，等因寄去。

硃批，此甚善，依奏。

[447] 理藩院奏請照例賞賜青海和碩親王等之來使摺[1]-4181〔註1030〕

理藩院謹奏，爲賞賜事。

竊青海和碩親王扎西巴圖爾、多羅貝勒額爾德尼納木扎爾〔註1031〕、阿奇古木布巴圖爾台吉〔註1032〕及其子額爾德尼額爾克台吉〔註1033〕等已遣使請安進貢，查得與達賴喇嘛使人，同來之青海八台吉使人賞緞各三疋，翠藍布各二十四疋，伊等之跟役賞彭緞各一疋，翠藍布各八疋，與王扎西巴圖爾同來之額爾德尼青台吉等四台吉使人賞鑲袖領錦補子緞袍各一件，緞各三疋，翠藍布各三十疋，伊等之跟役每人各賞翠藍布十疋，拉藏等十台吉使人賞緞各一疋，彭緞各一疋，翠藍布各二十疋，俱奏賞在案。茲王扎西巴圖爾等既遣使請安進貢，則於王扎西巴圖爾使者侍衛圖爾虎鄂木布、貝勒額爾德尼納木扎爾使者衛徵鄂木布、阿奇古木布巴圖爾台吉使者馬木特、圖卜欣塞桑等，仍照與達賴喇嘛使人同來者例，賞緞各三疋，翠藍布各二十四疋，伊等之跟役七名賞彭緞各一疋翠藍布各八疋，再阿奇古木布巴圖爾台吉之子額爾德尼額爾克台吉使者台吉扎木三仍照與王扎西巴圖爾等同來之拉藏等十台吉使者

〔註1029〕 本文檔前文作色凌敦多布。

〔註1030〕 時間待考。

〔註1031〕 原文作額爾德尼額納木扎爾，今改正爲額爾德尼納木扎爾，《蒙古世系》表三十六作納木札勒，顧實汗圖魯拜琥第二子鄂木布之孫，父墨爾根台吉。

〔註1032〕 《蒙古世系》表三十六袞布，顧實汗圖魯拜琥第四子達蘭泰之子。

〔註1033〕 《蒙古世系》表三十六作額爾德尼額爾克托克托鼐，顧實汗圖魯拜琥第四子達蘭泰之孫，其父袞布。

例，賞緞一疋彭緞一疋翠藍布二十疋，俟降旨後，由該部領賞後，令彼起程可也，為此謹奏請旨。

硃批，著伊等候朕回宮。

[448] 理藩院奏請達賴喇嘛使者來京迎駕請安摺[1]-4187〔註1034〕

理藩院謹奏。

自達賴喇嘛處前來之第木呼圖克圖〔註1035〕派副使額木布達木巴襄素來部告稱，蒙聖主矜念帶來，自西寧始仰賴皇上之恩沿途未受何苦，即順抵至此，復蒙皇太子每日賜恩，故我實難承當，唯急望速覲聖顏請安，今若允准，則帶額木布達木巴囊素、達賴汗使者，八台吉〔註1036〕使者等遠迎請安等語。查前奉旨，惟恐第木呼圖克圖等從外趕往，著准來京，欽此欽遵，故請往迎之處勿庸議，為此謹奏請旨。

硃批，著伊等停止來迎。

[449] 理藩院奏請賞給色棱多爾濟等台吉小什物帶去摺[1]-4189〔註1037〕

竊臣等議得，詢問厄魯特羅卜藏達錫、卓里克圖等，皇上若恩賞小什物與爾等台吉色棱多爾濟〔註1038〕、色棱敦多布〔註1039〕何如，爾等能送達耶。據其告稱，我等之兩台吉及屬下人等同心不隨丹津阿喇布坦一齊去，未荷主恩，至今愧恨，聖主矜念我台吉等，頒敕賞物令我等賫去，乃我主子奴才之同福也，唯我等至青海期間，知噶斯等地有兵，策妄喇布坦倘派哨兵，被其拏獲，必將我等拏問搜查，用刑亦未可料，若無此一處，我等當然願意如此了等語。故奴才得謂伊等曰，爾等言若頒敕賞物則為人拏獲，亦未可料，此

〔註1034〕 時間待考。

〔註1035〕 疑為第五世第穆呼圖克圖，《番僧源流考 西藏宗教源流考》頁七載，五輩第穆呼圖克圖，名阿旺拉木喀嘉綿，在滾布所屬札嘉中地方出世，年至六十三歲圓寂。《番僧源流考 西藏宗教源流考》頁七十七載，第穆第五輩阿旺朗卡甲木養，年五十三歲圓寂。

〔註1036〕 顧實汗圖魯拜琥十子，長子世掌西藏，第八子衮布察無嗣，居青海者為顧實汗圖魯拜琥八子之後裔，故稱和碩特八台吉，見《清史稿》卷五二二，頁一四四五一。

〔註1037〕 據本書第四四六號文檔知道，此為康熙五十六年之文書。

〔註1038〕 第四四六號文檔作色凌多爾濟。《蒙古世系》表四十二作策凌多爾濟，哈喇忽剌子墨爾根岱青曾孫，父衮藏巴噶

〔註1039〕 第四四六號文檔作色凌敦多布。《蒙古世系》表四十二作策凌端多克，哈喇忽剌子墨爾根岱青曾孫，父衮藏巴噶。

話甚是，可停止發文，其語意記在心內，對任何人不得洩露，一旦洩露即會連累爾等及妻子，爾等僅帶小刀、火刀等小什物爲憑，一旦遇人搜查時棄之則已等語。對此羅卜藏達錫、卓里克圖言曰，如此則最好，其語意記在心內，以轉告我等之台吉，若再有一憑證，則益加可信妥善也，若無爾等之語，到緊迫之時豈可擅自棄之等語，既然如此則賞賜小什物帶去可也，爲此謹奏請旨。

硃批，這議得好。

[450] 理藩院奏進蒙古札薩克王公貝勒等致策妄喇布坦來降書[1]-4199
〔註1040〕

四十九旗扎薩克、七旗喀爾喀汗王貝勒貝子公扎薩克諾顏等書致準噶爾台吉策妄喇布坦。

我等四十萬蒙古諾顏自投順高聖太宗皇帝以來，仰賴仁恩，數代百餘年，各守風俗地域，奴僕部落安居樂業，昔日爾叔父噶爾丹起兵侵擾我等，蒙我聖主親征，剿滅噶爾丹，使我等復享太平，彼時爾僅七人逃出，於額勒恩哈畢爾罕地方收聚一些流散之準噶爾以居，時我等請聖主言，準噶爾此姓斷不可留，宜取策妄喇布坦，聖主寬仁，體恤眾庶，欲使準噶爾爲一姓存活，遣使施恩，應滅之準噶爾未滅而留之，爾方倖存焉，爾不感戴至恩，安分守己，部眾稍繁，即漸驕橫，無端以爲三家爲名，再四越格奏請，繼而無端犯我哈密，此事尚未了結，又派策凌敦多布等毀壞自我祖成吉思汗以來聽奉之紅教黃教，殺戮眾所擁戴之博克達班禪之呼畢勒罕、師傅之呼畢勒罕二信徒，殺害三家中之拉藏一家，搗毀寺廟，耽誤二三十萬喇嘛之教道，使所有喇嘛之食滿扎商上之〔註1041〕土伯特傾家蕩產，以致博克達班禪憂鬱至極，博克達班禪之明終力不能支，昏倒在地，眾皆傳言博克達班禪圓寂矣，後我聖主聞知此事不勝惻然，派使臣胡畢圖〔註1042〕等前往看望博克達班禪，時因爾之車木坡爾寨桑等人在場，故博克達班禪惶悚含淚，未敢向胡畢圖合十致禮，亦未能請皇上安，據聞爾派策凌敦多布等赴招地時曾經發誓曰，我爲黃教不惜生命，誠爲黃教、博克達班禪者是實，則我事將成，願天佛有知等語。茲爾毀壞黃教，擾害眾生，以致博克達班禪鬱悶至極，今爾果然爲天佛洞鑒之中，

〔註1040〕 瑚必圖出使西藏之後，清軍尚未定藏之前之文書。
〔註1041〕 此處補之字。
〔註1042〕 《平定準噶爾方略》卷六頁二十七作瑚必圖。

爾準噶爾向與我四十萬蒙古有讐，因爲年久，業已淡忘，如今我等又爲世讐矣，先前爾派視如股肱之拉木扎木巴盆楚克丹津〔註1043〕等爲使前來，自盆楚克丹津返回後，不知以何言挑唆，使爾反目，從此爾心不誠實，故爾向我聖主所奏所有之事皆變幻無定，爾昔年曾言噶爾丹係聽信內沖額木布之言，國遂滅亡，今聞爾屬下人等俱怨爾聽從喇木扎木巴盆楚克丹津〔註1044〕之言而變凶，以致破敗等語。於我處無不聞知者，如今爾毀壞擁戴之喇嘛及信奉之佛法，係毀棄誓約之人，已不可信，故我軍前之王大臣等憤恨已極，領兵挺進至喀米爾尋爾營地，我聖主、哲卜尊丹巴呼圖克圖降旨將兵撤回，時爾卻派達木巴哈西哈、桑濟〔註1045〕等領兵盜竊(我軍)馬匹，持戒刀喚雪，俾馬畜倒斃，爾口稱佛法，卻毀壞寺廟，殺戮喇嘛，言爲上天，卻遍天降雪，爲一己之病，竟將人閹割，將孕婦剖腹而烤治，觀爾之所作所爲，實乃大逆不道，世間所無之孽障耳，今爾二子彼此爲敵，對此不但爾屬下各庫布恩諾顏，即爾之準噶爾鄂托克人等亦厭倦，渴望生時安逸，死時於靈魂有裨，惟求得有法之土耳，斷不與爾共存也，此情爾未必深知，爾不但毀壞古來之法度，且爾之所作所爲亦爲聞所未聞，難以啓齒，如此倒行逆施，毀棄誓約之罪，若係由爾而始，則需如實招認，以示謝罪西土則向博克達班禪額爾德尼請求，向我文殊師利皇帝祈禱，謝罪歸降，則己罪消除，國之將存，亦未可料，倘謂此等罪行與爾無涉，皆策凌敦多布等之所爲，則爾應即將策凌敦多布、托布奇、拉木扎木巴車木坡爾、三濟〔註1046〕等人拏送御前謝罪，倘仍執迷不悟，撒謊抵賴，此便使爾一全家覆亡也，我成吉思汗後裔[四十](數十)萬蒙古向爲人主，爾不過如什屬姓，無論如何比爾尊貴耳，並非在爾之下，爾係漢子，我等亦係漢子，我等[四十萬](所有)蒙古(與皇上聯姻，百餘年太平安定，人畜繁衍，已覺牧場狹窄矣，據云爾現有之阿勒泰、額爾齊斯、布拉罕、烏隴古、額勒恩哈畢爾罕、博羅塔拉地方獸多，土地肥沃，將我[喀喇吉他特](所屬奴僕)帶去，於烏隴古、布拉罕、額勒恩哈畢爾罕二處築城，與滿洲兵合駐，從[我四十萬]蒙古中，以二十萬人分駐一地各十萬耕田捕獸，爾領十萬厄魯特戰則請來，居則共居，倘不如此與爾對峙，爾終究又會來犯，故今日豈

〔註1043〕 原文作拉木扎木巴盆楚克、丹津，本文檔後文作盆楚克丹津，故改爲拉木扎木巴盆楚克丹津。

〔註1044〕 原文作拉木扎木巴、盆楚克丹津，今改爲拉木扎木巴盆楚克丹津。

〔註1045〕 《平定準噶爾方略》卷六頁二十一作三濟。

〔註1046〕 《平定準噶爾方略》卷六頁二十一作三濟。

可不圖焉，此等之言皆爲我等心腑之言，是否相信而採納之，由爾自便，爲此咨行。

[451]（佚名）奏報妥備糧餉以供兵馬之需等事摺[1]-4287〔註1047〕

康熙朝（原檔殘缺）

遣侍衛喇錫、色楞奏稱，阿寶我荷蒙聖主之恩極重，無所報答，今當爲軍務効力，奏聞管見，今滿洲、漢人及我等厄魯特兵皆爲一體，先到軍馬皆臕肥，後到軍馬羸瘦，此巴里坤地方係極好地方，因水草好羸瘦之馬二十日內即肥，今有我厄魯特一百二十人前往設哨，逗留一月，馬瘦返回，於好水草處牧放二十日即可上臕，夏季冬令同樣肥壯，滿洲漢軍馬匹中半肥半瘦，如有急事行走，難保無誤，惟計河道之近，視草之豐茂而牧放，馬匹牲畜之肥壯，有一種紅根綠草馬食之即肥壯，兵丁不知，我等雖知而難言，我等無論効力於何處，惟以軍馬肥壯爲念，至於軍馬，我厄魯特七百人不能看放此許多牲畜，若我等親指水草好處看放，諒可肥壯。再者今我兵五百名，輝特公巴濟之兵二百名，爲此地哨所之後屏，行走較少，烏梁海之通莫克扎薩〔註1048〕之兵，彼等曾在其原遊牧地巴里坤、圖爾庫勒、額林哈畢爾干等處，此等地方彼無不知者，然而伊等現在所住阿濟達巴罕地方距巴里坤近，若將伊等歸我等兼管，既可補齊我兵，且伊等往返經商於軍營庶有裨益，是否之處伏乞聖主訓示等情，於康熙五十五年二月十三日經公阿靈阿、乾清門侍衛喇錫奏，奉旨，極是，著將棟莫克〔註1049〕之兵歸隸伊等，議政大臣議奏，欽此欽遵。

查得將軍席柱係前赴巴里坤統帥大臣，莫要於軍馬牲畜者，將馬匹牲畜宜視好水草牧放行獵，多省行糧，額駙阿寶此奏極是，相應緊急咨文將軍席柱等，率額駙阿寶等所屬之人，將馬匹牲畜，按阿寶之人所指，於好水草處牧放，俾其肥壯，在此之間，令兵丁行獵，多省行糧。再者額駙阿寶稱扎薩克台吉棟莫克所住之地距離巴里坤等處近，其附近地方悉皆知之，若將伊等之兵歸我等兼管則可補齊等語，查得棟莫克之兵現在奇里德依〔註1050〕地方，相應將此咨文穆賽、奇里德依，調棟莫克旗下兵，棟莫克本人遣往額駙阿寶等軍，同處一地，並報其到達之所，若有行走之事則兼於阿寶等軍，聽將軍

〔註1047〕從文內及本書第一○三號文檔知，此奏摺爲康熙五十五年二月間之文書。
〔註1048〕《平定準噶爾方略》卷九頁七作烏梁海扎薩克台吉托穆克。
〔註1049〕《平定準噶爾方略》卷九頁七作烏梁海扎薩克台吉托穆克。
〔註1050〕《平定準噶爾方略》卷七頁十八作征西將軍祁里德。

席柱等調遣，命下之日欲咨文穆賽、奇里德依、席柱、阿寶等等因，於康熙五十五年二月十四日交乾清門侍衛喇錫等奏，奉旨，議將軍席柱等所奏事宜時著一併議奏，欽此欽遵。

臣等會議得，據將軍席柱奏稱，自本年正月初一日至二十八日運到之米麥子，皆照十五斤斗，散給滿洲綠旗各兵人口十餘日，又十餘日不濟，且所送羊隻今尚未到來，以致兵丁饑腹，是以除又咨文尚書富寧安、巡撫綽奇、噶什圖，令將運送之糧羊隻從速運到接濟外，臣等雖仍盡力通融辦理，但食糧人口眾多，難以均勻遍施，兵丁原先食過之糧皆以十九斤倉斗取之，後於十一月初九日巡撫綽奇、噶什圖咨文到後即以十五斤斗計之，今羊隻尚未到來，且米石不濟，以致兵丁饑腹等語。查得先由將軍席柱奏稱兵餉未濟，繼之尚書福寧安奏稱運到之米麥子六千五百四十五餘石，自十月初一日至十二月二十九日發給兵丁，則仍剩餘，並不致短缺等情，以此觀之，其福寧安以十五斤斗計算運送之米麥子，席柱前皆以十九斤斗散給兵丁，係彼此爭執斗之大小所致，今席柱以米石未濟等因咨文福寧安，且福寧安能否送到米石之處並未弄清，即以兵丁之糧未濟等因奏聞，福寧安動支許多錢糧運米，且但稱已運米，而實在送到米石數目若干，足夠幾月行糧等處，並未報明，果真米石未送到，致使兵丁饑腹，則福寧安又能如何耶，大軍之行米石行糧極為要緊，福寧安、席柱皆係出征統帥大臣，二人不同心商辦兵餉無誤，且各行具奏，皆殊屬不合，請將此註冊，俟軍務結束時察議，大軍駐於巴里坤斷不可撤，果然糧石不濟，窮迫之情屬實，則哈密之額敏距離巴里坤軍營近，雖糧畜損於策妄喇布坦之兵，資助行糧於軍，又借用種地籽種，然兵餉要緊，相應席柱等視其所得，暫借糧米牲畜於額敏以接濟兵丁，其運到之米照數償還，牛羊折給銀兩，尚書福寧安運米時自布隆吉爾以遠，用駝輪運，戈壁地方水草不好，若以駝運則需時日，且駝亦遭罪，因此仍以福寧安自山西河南陝西三省奏取之二千五百輛偏車，今山西河南又各增偏車二百輛，陝西增一百輛，共三千輛偏車，每車為推車之夫三名，自嘉峪關至哈密編為十二臺，每臺派車二百五十輛，接連挽運，設此臺時巡撫綽奇前往，均勻編設可也，至於力夫所用之帳鍋行糧等物。（原檔殘缺）

[452] 著留心巴里坤出兵文武不和之密諭一件[2]-3023

密諭，不可使一人知道。

今看來巴里坤出兵處文武提鎮都有些不和，此非美事，恐臨陣之際，有惕軍國大事，朕亦喻將軍知道，尔當十分留心，此論不可叫人知，若有人知，尔必有禍也，不必回奏。

[453] 達賴喇嘛奏報先帝駕崩誦經悼念摺《雍正朝滿文硃批奏摺彙編》-5330〔註 1051〕

弘法覺眾達賴喇嘛〔註 1052〕虔心叩奏奉天承運神聖文殊師利皇帝〔註 1053〕陛下。

眾佛教生靈之大恩神聖文殊師利父汗〔註 1054〕為眞正文殊師利，雖不分生死，惟天下眾生靈及我西方眾生靈之福減，聞聖主升天，心憂甚為悲傷，聖主無窮之鴻恩，眾生靈及我本人實難報答，眞正文殊師利佛身，殮潔等項，並無另需，然我眾以淨潔善之心，誠心為二招釋迦牟尼等有靈三寶佛，大舉祭品，齊集沙拉、噶爾丹、哲蚌等寺萬餘小喇嘛等，於招地誦經三日，佈施熬茶，我亦親往誦經所，仰副聖上皇帝之意，以誠心向三寶祈禱，再令衛藏阿里喀木貢布等地三千四十三寺廟之三十萬小喇嘛，於各自寺廟誦經，撥給熬茶所需等潔物，除造作福善事，勤於誦經事外，並無另報之策，惟聖上自身節哀，遵照天降先聖祖等善道，共同推廣佛教生靈及黃教，以大仁扶持我等西方生靈，請鑒之鑒之，以奏書之禮備辦哈達，一併於三月吉日謹奏。

〔註 1051〕 由文內知此奏疏為雍正元年三月七世達賴立喇嘛所上。
〔註 1052〕 指七世達賴喇嘛羅布藏噶勒藏佳木磋。
〔註 1053〕 指清世宗。
〔註 1054〕 指清聖祖。

附錄一　碑文等文書十二篇

[1] 敕諭五世班禪依請著准喀木地方呼畢勒罕為六世達賴喇嘛（康熙四十九年四月十四日）[5]-14

致班禪呼圖克圖敕書

皇帝敕諭班禪班禪呼圖克圖，爾利裨衆生、廣興釋教，身體可好。仰仗天恩，朕躬安好，朕統取天下，務期所有衆生各享安樂，益加推廣道法，永久興盛。茲據爾呼圖克圖奏稱，確認達賴喇嘛，照先前所奏准坐達賴喇嘛之牀，並仁愛我等土伯特寺廟喇嘛等，將喀木地方仍前給付之處，委實感激不盡，敕封此達賴喇嘛名號印信之處，謹請照依拉藏所請，施以隆恩，以利教衆等語。據拉藏奏稱，將達賴喇嘛，經班禪、拉穆吹忠驗看，作爲前世坐牀，其名號印信暫緩，再行冊封等情。聖主洞鑒者雖屬周詳，然此教亦衍自皇恩，現若不盡早冊封此達賴喇嘛，此時之人，疑者衆篤者寡，其間如何難以逆料，不服者此間必定肇啓事端，若予明確，教亦可早一日得以振興，衆亦能早一日得享太平，如若仰蒙聖上冊封，於其學習經法亦有裨益，若蒙現在即封，則益處無限等語。甘丹、色拉、哲蚌三寺衆喇嘛亦奏請冊封此六世達賴喇嘛，朕前曾著令此喀木地方呼畢勒罕〔註1〕坐達賴喇嘛之牀，然因年幼，尚未熟諳經法道行，故頒旨暫免冊封，俟觀察數年，再行確定，茲爾呼圖克圖既然奏請敕封達賴喇嘛名號印信，施以隆恩，以利教衆，相應敕封此呼畢勒罕爲六世達賴喇嘛，頒給冊印，爲此特將敕書交付爾使格勒克仲乃賫往，隨敕賞三十兩重銀茶桶一個、銀壺一個、銀盅一隻、大哈達十方、小哈達十方、各色綢緞十二疋賫往。（原件係滿文）

〔註1〕指爲拉藏汗所奉並爲清廷所封之第六輩達賴喇嘛阿旺伊西佳木磋，此喇嘛籍爲乍丫，故曰喀木地方呼畢勒罕。

[2] 敕封七世達賴喇嘛冊文（康熙四十九年五月初七日）[4]-18

敕封六世達賴喇嘛〔註2〕冊文

奉天承運皇帝制曰，朕撫臨環宇，一視同仁，教化衆生，誠有恪守忠正之道，不分晝夜勤勉者，宜頒封號，以彰褒獎，起先達賴喇嘛世代修行，闡揚佛教，自西而東，來大國朝觀，茲以爾能洽本意，勉踐善道，研習經典，承襲傳統，特降慈旨，頒授冊印，封爾爲六世達賴喇嘛，爾須敬奉佛道，益廣善緣，管教僧衆，各守教法，敬之。

（康熙四十九年五月初七日准禮部爲譯寫敕封達賴喇嘛唐古特字印文咨文前來，主事柏壽接此，即由唐古特文助教阿畢達翻譯，令南苑達喇嘛端魯布喇布坦蘭占巴、黃寺滿蘭占巴貢桑閱看，由裕親王之廟德木齊羅布藏那木札勒敬繕唐古特字阿克沙爾，初九日告知尙書等閱看，交典籍納齊喀等轉交禮部儀制司。）

（頒給六世達賴喇嘛冊文，於康熙四十九年五月十四日禮部爲譯寫頒給六世達賴喇嘛金冊唐古特字事鈐印咨文，主事柏壽接奉，即由唐古特文助教阿畢達譯成唐古特字，令黃寺滿蘭占巴貢桑閱看，由裕親王之廟德木齊羅布藏那木札勒繕寫唐古特字阿克沙爾，於是月十六日呈告尙書等閱看，交付中書科主事哈散，筆帖式塞爾圖。）〔註3〕（內閣蒙古堂檔）

[3] 冊封五世班禪額爾德尼名號敕諭（康熙五十二年正月二十二日）[6]-574

奉天承運皇帝敕曰。

朕撫臨環宇，慈愛衆生，凡恪守戒律，循規爲人安靜，勤奮修道者，將頒賜封號，以示朕嘉獎之至意，爾班禪歷輩遵奉法教，爲人安靜，熟諳經典，勤修貢職，初終不倦，致使佛教得以弘揚，甚屬可嘉，爾出於心悅至誠，遣使前來請安進貢，故朕特賜爾敕諭，頒金冊金印，封賜班禪額爾德尼名號，札什倫布寺所屬各寺莊園爲爾靜養之地，他人不可藉口滋事，爾應勤奮淨修佛法，悉心教誨僧侶，修行正果，特諭。（西藏館藏，原件藏文）

〔註2〕指爲拉藏汗所奉並爲清廷所封之第六輩達賴喇嘛阿旺伊西佳木磋。

〔註3〕譯者註，此文件所記敕封六世達賴喇嘛冊文，實爲敕封七世達賴喇嘛冊文。輯者註，譯者註有誤，此冊文所封六世達賴喇嘛爲拉藏汗所奉並爲清廷所封之第六輩達賴喇嘛阿旺伊西佳木磋。

[4] 敕封五世班禪額爾德尼冊文底稿（康熙五十二年三月初三日）[5]-17

頒給班禪額爾德尼金冊底

奉天承運皇帝敕諭，朕撫臨天下，一視同仁，各地眾生，皆予瞻養，凡恪守戒律清規，順縱隨和，篤誠奮勉者，必嘉賞封號，爾世代修行，闡揚佛法，誠心向化，虔修職貢，朕嘉爾心，特降慈旨，頒給冊印，封爾為班禪額爾德尼，凡扎什倫布所屬寺廟原徵貢賦，他人不得侵占，永不再有爭端，爾當益加鑽研經典，效行前法，教誨眾喇嘛，以修正果，敬之忽怠。

（康熙五十二年三月初三日據中書科鈐印咨文內稱，接禮部儀制司咨送頒給班禪額爾德尼冊文，由翰林院編寫送至，故將頒給班禪額爾德尼冊文送交爾等衙門，繕寫清、漢文字。再其繕寫梵字之處，轉行內閣繕寫，等因前來，侍讀學士拉都渾、主事桑格、薩瑪第等准此，當即召集唐古特學教習喇嘛丹怎格隆、司業吉爾比特呼、助教阿比達等，譯唐古特字，崇國寺仲內格隆將唐古特贊布字恭繕於金冊七頁，交付刻匠等，中書科修書官曹廣賢、唐古特學教習喇嘛丹怎格隆、巴克什阿比達、主事桑格、薩瑪第等一同看視刻字，於三月二十日告知大學士等，交付中書科修書官曹廣賢、當值筆帖式阿音達）（內閣蒙古堂檔）

[5] 敕諭五世班禪額爾德尼冊封名號並頒金印金冊（康熙五十二年）

[6]-1897

皇帝敕諭班禪呼圖克圖。

爾利禆眾生，闡揚釋教，身安無恙，荷天眷佑，朕躬康安，朕臨治天下，務期率土之民，各安生業，弘揚道統，據呼圖克圖奏稱，扎什倫布所屬寺廟地方雖仍前寧謐，然若荷蒙頒降敕書，扎什倫布所屬寺廟地方將永無爭端，且可利法，小僧及眾喇嘛皆傾心向化，世代安逸，伏乞鈐寶頒敕等語。昔因第巴〔註4〕匿報五世達賴圓寂，統攬西土大權，欺眾行惡，破壞黃教，擾累土伯特之眾，拉藏誅殺第巴，奏陳情由，朕以拉藏奮勉於黃教，封為翊法恭順汗，嗣後拉藏奏稱達賴則嘛呼畢勒罕已轉世，朕為振興黃教，封此達賴喇嘛為第六輩達賴喇嘛〔註5〕，給予金印金冊，又因拉藏奏請派遣大臣赴藏辦事於

〔註4〕今常寫作第巴桑結嘉措，《欽定西域同文志》卷二十四頁三載，桑皆佳木磋，初為總管衛藏四屬第巴，即以第巴名封王爵，賜印，後得罪，為拉藏汗所誅。

〔註5〕指為拉藏汗所奉並為清廷所封之第六輩達賴喇嘛阿旺伊西佳木磋。

民大有裨益，朕派大臣〔註6〕會同拉藏辦事以來，西藏土伯特人衆寧謐無事，均安居樂業，班禪呼圖克圖世代勤勉宗喀巴教，靜心恪守喇嘛法規，仰副朕興廣黃教，逸樂衆生之至意，不趨附橫逆之事，每年恭派使臣請安進貢，自始至終，虔誠如一，其屬可嘉，茲又爲札什倫布所屬寺廟地方永久〔註7〕爭端，篤誠奏請，相應爲保障札什倫布所屬寺廟原徵賦稅永不爲他人侵佔，茲封班禪呼圖克圖爲班禪額爾德尼，頒給金印金冊，特此頒冊，派一等侍衛策楞、達喇嘛佐持巴林沁格隆，郎中鄂賴〔註8〕等賫往，併以頒敕禮，賫往三十兩重銀茶筒一個，銀瓶一個，銀盃一隻，大哈達十方，小哈達十方，各色緞二十疋。（一史館藏軍機處滿文錄副奏摺）

[6] 敕諭七世達賴喇嘛爲曉諭冊封班臣額爾德尼封號頒給金印冊事（康熙五十二年）[4]-20

頒降六世達賴喇嘛〔註9〕敕書

皇帝敕諭六世達賴喇嘛。

朕統馭天下，凡有利於教法者，必獎賞名號，施恩勉勵，據班臣呼圖克圖奏書內稱，本處扎什倫布所屬寺廟地方雖仍前無爭，然若蒙聖上頒降敕書，扎什倫布所屬寺廟地產可永無爭執，且不減少，於教亦有裨，小僧及衆僧皆可皈依聖化，共享安逸，謹請頒降鈐璽敕書，不吝賜愛，鑒之等語。先前第巴隱瞞五世達賴喇嘛圓寂，專擅西藏事務，欺衆行惡，毀滅黃教，擾害土伯特人衆，故而拉藏誅殺第巴，奏陳緣由，朕以拉藏効法黃教，封爲翊法恭順汗，繼而拉藏汗奏請達賴喇嘛呼畢勒罕轉世，朕爲弘揚黃教封爾爲六世達賴喇嘛，頒給金印，拉藏又奏請派大臣在藏辦事，於衆生有利，朕遂派大臣，會同拉藏辦事以來，藏地土伯特寧謐無事，皆安居樂業，班臣呼圖克圖世代勤勉宗喀巴教，一心恪守佛道，仰體朕闡揚黃教、逸樂衆生之至意，不從邪惡，每年恭順遣使請安進貢，自始至終虔恭而行，甚屬可嘉，現又爲扎什倫布所屬寺廟地方永無爭端，篤誠奏請，茲爲扎什倫布所屬寺廟原徵差賦，不被他人侵占，永久牢固，封班禪呼圖克圖爲班禪額爾德尼，頒給金冊印，爲此特諭。敕書交頭等侍衛色楞、達喇嘛佐克巴、林臣格隆，郎中鄂賴等賫往，

〔註6〕指吏部左侍郎赫壽，《清代職官年表》部院滿侍郎年表作吏部滿左侍郎赫壽。

〔註7〕原文作永久，疑爲永無之誤。

〔註8〕《平定準噶爾方略》卷六頁二十四作郎中鄂賴。

〔註9〕指爲拉藏汗所奉並爲清廷所封之第六輩達賴喇嘛阿旺伊西佳木磋。

隨敕賜各色緞十疋〔註10〕。（原件係滿文）

[7] 冊封里塘呼畢勒罕為弘法覺衆第六世達賴喇嘛（康熙五十九年二月二十七日）[6]-601

敕封弘法覺衆第六輩達賴喇嘛〔註11〕之冊文。

奉天承運皇帝詔曰。朕經略萬邦，不分內外，一視同仁，尚以化導，撫育衆生，誠者秉持淨意，恪謹王業，則必旌賜名號，以示褒賞，昔日達賴喇嘛弘揚道統，推興西土之正教，表彰於禹甸，故蒙冊封，爾自幼繼承前業，恪勤戒律，鑽研經典，深得各部落之信賴，是以特降慈旨，頒給冊印，封爾為弘法覺衆第六輩達賴喇嘛，著爾闡揚佛教，輔朕大業，勤於訓導，恪遵勿怠，敬之。（一史館藏軍機處滿文錄副奏摺）

[8] 諭五世班禪為告知達賴喇嘛返藏坐牀並尊其為達賴喇嘛經師事（康熙五十九年三月初四日）[6]-602

皇帝敕諭班禪額爾德尼。

朕臨治天下，率土之民，各安生業，弘揚道統，垂諸久遠，爾班禪額爾德尼前世與五世達賴喇嘛自皇祖太宗文皇帝始，遣使請安不絕，道統歸一，洵屬太平，直至爾代，闡揚釋教，共遵道統，但策妄阿拉布坦潛行發兵，殺害拉藏汗，毀壞寺廟，驅散喇嘛，殺爾信任之仲科爾二人，貽誤寺廟喇嘛行教，擾害土伯特民衆，諸事不令爾作主，朕懼佛法將毀，土伯持民衆遭殃，特命皇子為大將軍，率軍征討準噶爾，拯救土伯特衆民，闡揚道統，乃蒙古、青海、土伯特、藏、衛、喀木等地所有人等一致認定塔爾寺之靈童為達賴喇嘛之呼畢勒罕，朕鑒所有施主心願，俯允所請，認定新呼畢勒罕為達賴喇嘛，派遣大軍護送前來坐牀，達賴喇嘛即便坐牀，但年齡尚幼，經典未諳，知識甚淺，爾班禪額爾德尼永嗣釋教，安輯衆生，年份已久，年高德劭，今尊爾為達賴喇嘛之經師，引導經書，照先世達賴喇嘛之例，廣興黃教，朕有賴焉。

〔註10〕譯者註，此頒降六世達賴喇嘛敕書，實為頒降給現七世達賴喇嘛。輯者註，譯者註有誤，此處六世達賴喇嘛為拉藏汗所奉並為清廷所封之第六輩達賴喇嘛阿旺伊西佳木磋。

〔註11〕即七世達賴喇嘛，清廷初封其為弘法覺衆第六輩達賴喇嘛，後默認為第七世。《欽定西域同文志》卷二三頁二載，羅布藏噶勒藏佳木磋，蒼揚佳木磋之呼畢勒汗，出於里塘，至衛座布達拉、布賴賁、色拉寺牀，賜冊印為第六世達賴喇嘛。

今特頒敕書，遣土觀呼圖克圖、達喇嘛羅桑次成〔註12〕、噶久等賞往〔註13〕，並賜各色緞十疋，爾其祗領。(西藏館藏，原件滿蒙藏文）

[9] 敕諭班禪額爾德尼寬心弘揚佛教事[1]-3687

皇帝敕諭班禪額爾德尼知悉，自前世班禪、達賴喇嘛以來，相互遣使請安，道法爲一，[自太宗皇帝至朕，三]（已歷百年），世世代代作爲黃教之大施主，尊崇班禪、達賴喇嘛，興廣黃教，極太平相善，策妄喇布坦暗遣兵丁，策凌敦多布等毀壞寺廟，殺戮喇嘛，曠廢經學，驅散喇嘛，雖言爲黃教，但害爾至極，侵害土伯特人，聞此朕即命皇子(大將軍）王領大軍，推廣黃教，令新呼畢勒罕坐牀，以拯救土伯特人民，並令速遣使探望班禪，大將軍王所遣使臣扎爾固齊胡必圖〔註14〕前去見爾時，因準噶爾寨桑車木皮爾〔註15〕等亦在爾處，恐爲伊等所疑忌，是以未派使者，亦未發請安書前來，據扎爾固齊胡必圖報稱，爾鬱憤交加形容憔悴衰老，朕聞之不勝惻然，即遣兵速進，討伐策凌敦多布等，以推廣黃教，今聞大事告成，黃教復元，諒必比以往更加興旺，故特擬敕諭，遣使問安，此敕諭一到，爾速派可信善徒前來請安，朕之將軍大臣兵丁及各施主已至招地，諸事既完，爾唯寬心〔註16〕弘揚釋教，爲衆生靈勤於經典外，別勿掛慮，嗣後黃教永無橫禍，爲此繕敕存問，附賜各色緞十疋。

[10] 封授青科爾吹倫台吉敕書（康熙六十年四月初六日）[6]-607〔註17〕

奉天承運皇帝詔曰。

朕一統天下，撫循海內，凡血誠向化，恪謹臣節者，不分內外，雖在極邊絕域，亦應易視同仁，蓋覆載萬物，乃乾坤之至意，其誠意歸順者，得享榮祿，乃帝王之懋典，朕體天地之心，推恩施政，其向化而軍功卓著者，必賜爵封贈，惠以殊恩，爾青科爾吹倫原係土伯特部達賴喇嘛屬科爾察巴爾拉

〔註12〕 據《安多政教史》頁四十八註釋文載此人藏名全稱爲賽科巴達喇嘛噶居瓦羅桑程勒，賽科巴爲青海廣惠寺僧，達喇嘛爲喇嘛職銜之一，噶居巴係學位名，經歷待考。

〔註13〕 原文作賷往，今改正爲賚往。

〔註14〕 《平定準噶爾方略》卷六頁二十七作瑚必圖。

〔註15〕 《平定準噶爾方略》卷六頁二十一作左哨頭目春丕勒。

〔註16〕 原文作寬收，今改爲寬心。

〔註17〕 可參見《撫遠大將軍允禵奏稿》卷十五之《據延信稟請獎康濟鼐等並將始終抗拒準部台吉照例賞給名號摺》，《胤禛（允禵）西征奏檔全本》收錄作第二七五號文檔。

之台吉，緣逆賊準噶爾部策妄阿拉布坦無端興兵偷襲招地，進而敗壞法門，紛擾土伯特部，爾青科爾吹倫不與賊同流，不爲出力，是以構怨，賊掠爾屬人，使致流散失所，爾反資將軍頹倫特之軍旅，供億牛羊鹽粑等物，賊調爾兵，爾不但不派，反殺準噶爾四賊，爾始終堅不從賊，執意禦敵，効力大軍，實屬可嘉，故經大將軍王等貝陳其情，授以台吉銜，嗣後下受任何入侵凌，可循舊制進貢達賴喇嘛，如前一轍，世襲罔替，特頒敕書，以爲永旌，爾若不悖朕諭，不忘朕恩，而恪遵法紀，恭順從事，則榮及前人，福延後嗣，倘或悖逆法紀，更張舊制，進而作亂，則白取其咎，亦必黜爾台吉矣，國法昭彰，均有應繩之律，特敕〔註18〕。(西藏館藏，原件滿蒙藏文)

[11] 工部塔部頭人爲勸離棄準噶爾忠於皇帝事致窮結宗堆等信(藏曆鐵鼠年（康熙五十九年）八月二日)[6]-603

窮結宗堆政府貴族寺廟之莊園、藏北牧戶頭人等。

自準噶爾人襲擾衛藏，僧俗部衆遂無寧日，漢地大皇帝顧念佛教衆生之幸福，爲迎請遍知遍見達賴喇嘛至布達拉宮，並剿滅準噶爾人，特遣皇子及措卡〔註19〕各部首領，率兵七萬，自北路進發，將軍丹協藏欽〔註20〕率藏地之兩萬衛軍及大批康軍，行經康區，現駐紮嘉黎。前奉皇帝遣使傳諭，工、

〔註18〕 關於此父子之史跡，可參見《胤禛（允禵）西征奏稿全本》第二七五號文檔。民國時期楊質夫入藏所著之《入藏日記》（見《西藏紀行十二種》）所載之史料可資參看，文中所謂乾隆六十年爲康熙六十年之誤，因所言之事皆清聖祖統一西藏之事。

民國二十三年十二月二十一日，暑期五，晴，晚間風。早起，桑雄川總管巴窩占都爾來寓，其人前途次於曲納干會晤，約謂異日若到拉薩當來會晤云，渠於前日到拉後，即訪問來寓，可謂言而有信，並贈余以酥油，奶渣等物，尤屬可感，渠並引一人來，謂係黑河北岸□□族之官人，其名謂□□□□，其祖先謂蒙古人，清乾隆時因從征準噶爾有功，蒙皇帝賞給職品甚大云云。言次取懷中手卷示余，展視之，其卷爲五色紙所製，上寫滿蒙藏三體文字，惟無漢文，審視藏文大意謂。

朕夙以天地爲心，恩慈爲懷，凡遐邇庶民，邊防諸族無不平等對待，給以恩施。乃準噶爾策妄喇布坦妄生事端，率領賊兵進佔拉薩，毀滅聖教。該卻克吐（chog thu）原爲達賴喇嘛之人，且係沙拉果勒台吉。此次賊兵到藏，策凌敦多部率兵搶劫財物，殺百姓，並將汝子額勒濟克殺害，該卻克吐毫不爲動，並於將軍頹倫特過境時供應一切，誠屬可嘉。茲據大將軍報告前情，合亟晉封汝爲一等台吉，世襲罔替，無論何人不得欺凌，該台吉亦須永久恭順，忠誠不渝，以爲臣子應盡之責，而念朕恩永矢弗諼，乾隆六十年云云。

〔註19〕 譯者註，指青海湖週圍的和碩特蒙古首領如羅卜藏丹津等。

〔註20〕 譯者註，似指定西將軍噶爾弼。

塔軍隊務與大軍同赴拉薩，大皇帝及措卡各部首領，均爲黃教檀越之首，我等欲爲佛教聲譽，已遣工、塔所部取道山路進伐，八月一日又奉聖旨，爾工、塔地方及鄰近各地，均歸朕及措卡各部所屬，爾或服從朕之漢蒙軍隊，或投準噶爾人充其援軍，何去何從，速遣使就近給吾大軍答覆，欽此。爲此，今爾等或同皇帝及措卡各部首領同命運，或投奔準噶爾軍，何去何從，務於九日前答覆，萬勿首鼠兩端，以便從速遣使就近給漢蒙大軍答覆，特此函告。二日於卓木達中軍。(西藏館藏，原件藏文）

[12] 聖祖仁皇帝御製平定西藏碑文

康熙六十年聖祖仁皇帝御製平定西藏碑文曰。

昔者太宗文皇帝之崇德七年班禪額爾德尼、達賴喇嘛、顧實汗謂東土有聖人出，特遣使自人跡不至之區，經讎敵之國，閱數年始達盛京，至今八十載，同行善事，俱爲施主，頗極安寧。後達賴喇嘛之歿，第巴隱匿不奏者十有六年，任意妄行，拉藏滅之，復興其法，因而允從拉藏、苦苦腦兒羣衆公同之請，中間策妄阿喇布坦妄生事端，動準噶爾之衆，肆行奸詐，滅壞達賴喇嘛，並廢第五輩達賴之塔，辱衊班禪，毀壞寺廟，殺戮喇嘛，名爲興法而實滅之，且欲竊據圖伯特國，朕以其所爲非法，爰命皇子爲大將軍王，又遣朕子孫等，調發滿洲蒙古綠旗兵各數萬，歷烟瘴之地，士馬安然而至，賊衆三次乘夜盜營，我兵奮勇擊殺，賊皆喪胆遠遁，一矢不發，平定西藏，振興法教，賜今呼畢爾罕冊印，封爲第六輩達賴喇嘛，安置禪榻，撫綏圖伯特僧俗人衆，各復生業，於是文武臣工咸謂王師西討，歷瘴癘險遠之區，曾未半載，輒建殊勳，實從古所未有，而諸蒙古部落及圖伯特酋長亦合詞奏曰，皇帝勇畧神武，超越往代，天兵所臨，邪魔掃蕩，復興蒙古向所尊奉法教，喀木藏衛等部人衆咸得拔離湯火，樂土安居，如此盛德大業，非臣下頌揚所能宣罄，請賜御製碑文，鐫勒招提，以垂永久，爰紀斯文，立石西藏，俾中外知達賴喇嘛等三朝恭順之誠，諸部落累世崇奉法教之意，朕之此舉所以除逆撫順，綏衆興教云爾。(《大清一統志》(嘉慶) 卷五百四十七)

附錄二 《清代藏事輯要》載清廷統一西藏史料

[1] 康熙四十五年十月二十一日

康熙四十五年十月乙巳諭大學士等，前遣護軍統領席柱等往擒假達賴喇嘛及第巴妻子時諸皇子及諸大臣俱言，一假達賴喇嘛擒之何爲，朕意以衆蒙古俱傾心皈向達賴喇嘛，此雖係假達賴喇嘛，而有達賴喇嘛之名，衆蒙古皆服之，倘不以朝命遣人往擒，若爲策妄阿喇布坦〔註1〕迎去，則西域、蒙古皆向策妄阿喇布坦矣。故特遣席柱等前去，席柱等方到其地，策妄阿喇布坦果令人來迎，以此觀之若非遣人前往，則假達賴喇嘛必已歸策妄阿喇布坦矣。至西域回子及蒙古今衰弱已極，欲取之亦甚易，但並其地不足以耕種，得其人不足以驅使，且見今伊等已俱恪守法度，是以不取。此等情事漢大學士及九卿等想俱未深悉，爾等可將朕諭示之。

[2] 康熙四十五年十月二十二日

康熙四十五年十月丙午諭大學士等，昔日達賴喇嘛存日，六十年來塞外不生一事，俱各安靜，即此可知其素行之不凡矣。後達賴喇嘛身故，第巴雖隱諱不言，然觀其啓奏之辭非昔日達賴喇嘛語氣，朕是以知其已故，遣使細訪，乃盡得欺詐之狀，自達賴喇嘛故後第巴遂教噶爾丹各處妄行生事矣。

[3] 康熙四十五年十二月初三日

康熙四十五年十二月丁亥，先是達賴喇嘛身故，第巴匿其事，構使喀爾喀、厄魯特互相讐殺，擾害生靈，又立假達賴喇嘛以惑衆人，且曾毒拉藏，

〔註1〕原文作事坦，今改爲布坦。

因其未死，後復逐之，是以拉藏蓄憾興兵執第巴而殺之，陳奏假喇嘛情由。上命護軍統領席柱、學士舒蘭爲使，往封拉藏爲翼法恭順汗，令其拘假達賴喇嘛赴京。拉藏以爲執送假達賴喇嘛則衆喇嘛必至離散不從，席柱等奏聞，上諭諸大臣曰，拉藏今雖不從，後必自執之來獻，至是駐紮西寧喇嘛商南多爾濟果報，拉藏起解假達賴喇嘛赴京。一如聖算，衆皆驚異。

[4] 康熙四十五年十二月二十六日

康熙四十五年十二月庚戌，理藩院奏，駐紮西寧喇嘛商南多爾濟報稱，拉藏送來假達賴喇嘛，行至西寧口外病故，假達賴喇嘛行事悖亂，今既在途病故，應行文商南多爾濟，將其屍骸拋棄，從之。

[5] 康熙四十八年正月二十七日

康熙四十八年正月己亥，先是拉藏立波克塔胡必爾汗爲達賴喇嘛，青海衆台吉未辯虛實，彼此爭論訐奏，上命內閣學士拉都渾率青海衆台吉之使人赴西藏看驗，至是拉都渾回奏，臣遵旨會同青海衆台吉之使前往西藏，至噶木地方，見拉藏問以所以立達賴喇嘛情由。據云前將假達賴喇嘛解京時曾奉諭旨令尋眞達賴喇嘛，今訪問得波克塔胡必爾汗係眞達賴喇嘛。亦不能信。又問班禪胡土克圖，據云波克塔胡必爾汗實係達賴喇嘛，我便爲之安置禪榻，非敢專擅。奏入，命議政大臣等議。尋議，拉藏所立達賴喇嘛，既問之班禪胡土克圖，確知眞實，應無庸議。但達賴喇嘛例有封號，今波克塔胡必爾汗年幼，請再閱數年，始議給封。又青海衆台吉等與拉藏不睦，西藏事務不必令拉藏獨理，應遣官一員前往西藏，協同拉藏辦理事務。得旨，依議，其管理事務著侍郎赫壽去。

[6] 康熙四十九年三月十三日

康熙四十九年三月戊寅，議政大臣等議，拉藏及班禪胡土克圖、西藏諸寺喇嘛等會同管理西藏事務侍郎赫壽奏請頒賜波克塔胡必爾汗以達賴喇嘛之封號，查波克塔胡必爾汗因年幼，奉旨俟數年後授封，今既熟諳經典，爲青海諸衆所重，應如所請，給以印冊，封爲六世達賴喇嘛，從之。

[7] 康熙五十二年正月三十日

康熙五十二年正月戊申諭理藩院，班禪胡土克圖爲人安靜，熟諳經典，勤修職貢，初終不倦，甚屬可嘉，著照封達賴喇嘛之例，給以印冊，封爲班禪額爾德尼。

[8] 康熙五十三年六月初五日

康熙五十三年六月乙亥諭領侍衛內大臣等，朕想拉藏汗一子前往策妄阿喇布坦處娶親，一子在青海地方駐紮，在策妄阿喇布坦處娶〔註2〕親之子，策妄阿喇布坦若託辭愛婿，留住數年，不令之歸，再如駐紮青海之子，朕憐愛留住，伊處總無人矣，豈不孤危，況拉藏汗年近六十，自當為其身計，伊之人少，土伯特人甚多而又秉性兇惡，可保常無事乎，拉藏汗將兇惡第巴殺死，朕加襃獎，封為扶教恭順汗，伊真傾心內向，不但朕知之，即彼處人亦皆知之。但厄魯特秉性猜疑，又甚疏忽，倘或事出不測，朕雖憐伊，伊雖倚朕，此間地方甚遠，相隔萬里，救之不及，事後徒貽悔耳，即朕亦無法也，朕此想甚屬遠大，伊亦係曉事之人，若不深謀防範，斷乎不可，朕為拉藏汗時常留意也。

[9] 康熙五十三年七月二十七日

康熙五十三年七月丙寅諭大學士等，拉藏奏請打箭爐地方，朕思打箭爐原係本朝地方，我朝之人實處其地，於拉藏大有裨益，我朝之人若行撤回，則茶市亦停，大無益於伊等，如必要此地，著伊親來與我諸王大臣等會議，如此議行，則伊斷不來矣。

[10] 康熙五十五年閏三月十九日

康熙五十五年閏三月己卯，先是藏中立波克塔山之伊西嘉穆錯為第六世達賴喇嘛，雖已頒賜印冊，青海諸台吉終以為實不之信，別奉里塘胡必爾汗噶爾藏嘉穆錯為真達賴喇嘛，迎至青海坐牀，上恐其構釁，命移居西寧。至是侍衛阿齊圖奏，青海台吉等初言將胡必爾汗送往紅山寺，繼又請將胡必爾汗送往宗喀巴寺，始終推辭，不令起程。自奉旨令護軍統領彥布統兵駐紮西寧，四川提督康泰、松潘總兵官程正李等整兵豫備，復屢次曉諭青海台吉等，伊等果爾恐懼，於三月十五日將胡必爾汗送至宗喀巴寺居住。

[11] 康熙五十六年八月初一日

康熙五十六年八月壬午朔，厄魯特準噶爾部台吉策妄阿喇布坦叛侵哈密，上命吏部尚書富寧安為靖逆將軍，公傅爾丹為振武將軍，散秩大臣祁里德為征西將軍分路襲擊之，並命署西安將軍總督額倫待、公策旺諾爾布、侍衛色楞等同往軍前料理。至是富寧安奏拏獲回子阿都呼里供稱，策妄阿喇布

〔註2〕此處補娶字。

坦令伊寨桑都噶爾參都克、策零敦多布、托布齊等帶領六千兵，於去年十一月由阿里克往西進發，或前去征拉藏，或幫主拉藏之處，我知得不甚明白等語。得旨策妄阿喇布坦由阿里克地方發兵一事，雖虛實未知，朕意料之，甚屬可惡，策妄阿喇布坦先曾向哲卜尊丹巴胡圖克圖之使者云，拉藏汗係嗜酒無用之人，不足介意，覊留其子，並留達賴喇嘛、班禪之使不令前去。今此兵或征拉藏收取西邊地方，或幫助拉藏侵犯青海，俱未可定。若係征取拉藏，其兵於去年十一月前往，今已成讐，我兵欲救援拉藏，恐地方遙遠，策妄阿喇布坦之兵若幫助拉藏，同來侵犯青海則不可不備兵協助迎剿，見今巴爾庫爾有富寧安、阿喇衲等，一應軍務俱巳諳練，行兵甚易，應將額倫特撤回，仍駐紮西寧，將協助兵丁與青海之人，一同豫備，著議政大臣等議奏。尋議覆，聖諭甚是周詳，應令署理將軍總督額倫特速往西寧，料理軍務糧餉，西寧總兵官王以謙，侍讀學士查禮渾等在松藩豫備，提督康泰、主事巴特麻等時密遣人往青海地方偵探消息，若得實信一面速行奏聞一面彼此知會，各相機而行。駐紮噶斯之侍衛阿齊圖、霍善等加意固防，探其蹤跡，從之。

[12] 康熙五十六年八月二十六日

康熙五十六年八月丁未，議政大臣等議覆，西寧駐紮侍讀學士查禮渾等奏，據西邊拉藏汗諮文云策妄阿喇布坦遣兵於七月初四日掠其納克禪邊內木寶一部人衆，且言又令策零敦多卜領兵萬人前往征取拉藏等語，我兵不可不豫爲防備，應令松潘西寧兵丁出口安營。得旨依議。

[13] 康熙五十六年十月二十五日

康熙五十六年十月乙巳諭議政大臣等，見在西邊用兵之處，與雲南及打箭爐地方通路相通，應豫爲防備，著都統和禮前往雲南，護軍統領溫普前往打箭爐，各帶護軍參領及侍衛部員二人即行馳驛前往。

[14] 康熙五十六年十月二十五日

康熙五十六年十月乙巳青海親王羅卜藏丹津疏報，策妄阿喇布坦屬下策零敦多布等領兵三千來西藏，欲滅拉藏汗，拉藏整兵迎敵，交戰數次兩無勝負，策零敦多布等之兵自遠路衝雪前來，士卒凍餒，馬駝倒斃，沿途食人犬，俱徒步而行，三千兵內厄魯特之兵少，吳梁海之兵多，到者祇二千五百，其餘五百兵丁皆疲極不能同到。疏入，上諭議政大臣等曰，西藏之地達賴喇嘛所蓄糧餉頗多，器械亦備，且西藏人衆守法，今策妄阿喇布坦無故欲毀教佔藏，眾人豈肯容伊，且策零敦多布等之兵疲敝已極，除陣亡病死外未必滿二千，又安能取得拉藏城池，但策零敦多布等自分攻取則兵力不支，徹兵而回亦無生路，或因情急恣行侵掠，亦未可定，不可不加意防備，爾等其確議具奏，尋議著青海台吉等速行領兵前往，令內大臣公策旺諾爾布，將軍額倫特，侍衛阿齊圖等統兵駐紮青海形勝之地，松潘之兵亦令駐紮形勝之地，以便哨探，萬一有事彼此相助，相機而行，並速行文，著將軍富寧安等知悉，從之。

[15] 康熙五十七年正月二十六日

康熙五十七年正月乙亥，議政大臣等議覆，總督額倫待奏，據拉藏使人胡喇奇云，從前與策妄阿喇布坦之兵交戰曾獲伊眾二百餘人，策零敦多卜及準噶爾等因不服水土，遍身浮腫，今拉藏在布達拉地方固守，達賴喇嘛、班禪額爾德尼俱同在一處，令我賫疏往奏聖主。又大喇嘛芻爾齊木藏布、拉木渣木巴奏稱，我等自剛諦沙回至拉薩，拉藏告曰策妄阿揻布坦令策零敦多卜等率兵六千餘人至淨科爾庭山內，踞守險要，求與我戰，夜間越嶺而來，復踞住達穆地方等語。又侍衛阿齊圖等奏，據拉藏使人胡喇奇云，拉藏蘇爾扎前與策妄阿喇布坦兵交戰，殺獲甚眾，今拉藏蘇爾紮俱自達穆已至招中等語。應行令侍衛阿齊圖、總督額倫特等加謹設防，作速預備，遠探賊情，相機進剿。得旨依議速行。

[16] 康熙五十七年二月十一日

康熙五十七年二月庚寅，議政大臣等議覆，據拉藏奏稱，臣受聖主洪恩，不意惡逆策妄阿喇布坦發兵六千，與我土伯待兵交戰兩月，雖並無勝負，而敵兵復又入招，臣見在率兵守護招地，但土伯特兵少，甚屬可慮，若將喀木危藏之地被伊踞去，將使黃教殄滅，懇求皇上速發救兵並青海之兵，即來策應等語。查拉藏係顧實汗後裔，維持黃教，今懇求教援，應令西寧松潘打箭爐噶斯等處各豫備兵馬，並土司楊如松屬下兵丁一同前往，見今青海王台吉等派兵六千，在正月初十起程，但非有滿洲兵丁不可，應令侍衛色楞、侍讀學士查禮渾在西寧滿洲兵丁內選二百名，綠旗兵丁內選二百名及土司之兵一千，帶至青海地方，會同青海王台吉等商酌行事，其青海王台吉等發兵去後，伊等家口無人看守，應行文公策旺諾爾布、總督額倫特與青海王台吉等，妥議屯兵形勝之處，用心守護，從之。

[17] 康熙五十七年二月十三日

康熙五十七年二月壬辰，議政大臣議覆振武將軍公傅爾丹等奏請兩路大兵進剿之處，得旨，爾等議欲兩路進剿，但聞策妄阿喇布坦遣策零敦多卜等前往西藏之時曾有令伊等剪滅拉藏，即在藏駐紮，彼復身至西藏，再取危藏巴爾喀木之人等語，雖其虛實未可懸定，而傳聞拉藏有陣亡之信，若策妄阿喇布坦果帶妻子前往西藏而去，我國西路大軍即至伊里地方，恐屬徒然，朕意今即令色楞統率軍兵，征剿西藏，稍俟此軍消息，本軍暫停進剿〔註3〕，此皆有關軍機銀餉，爾等再議具奏。

[18] 康熙五十七年二月十七日

康熙五十七年三月丙寅，四川巡撫年羹堯奏，打箭爐地方外通西域，內皆高山峻嶺，實為天設之險，皇上救援西藏，今護軍統領溫普帶領滿兵五百赴爐駐紮，臣以爐地素不產米，山路險遠，糧運為難，動支庫銀買米一萬石，遴選人員先運六千石抵爐，餘米收貯雅州，如有需用再行酌運，所需草料亦委員採買運送交給，自此源源買運，必不遲誤軍需。得旨，據奏相機購買米石草料，委官設法陸續運至打箭爐，年羹堯甚為實心効力，殊屬可嘉，著復還原職。

[19] 康熙五十七年四月初三日

康熙五十七年四月辛巳，議政大臣等議覆，侍衛阿齊圖奏臣統兵至柴旦木地方，於正月初二日遇見伊打木扎布等帶領拉藏子蘇爾扎之妻自招敗回，告稱準噶爾兵來至達穆地方與我土伯特兵交戰數次，彼此傷損至多，去年十月三十日厄魯特之噶隆沙克都爾扎布叛歸準噶爾，將小招獻降，我土伯特兵眾解散，台吉那木扎爾等在布達拉北城開門投順，準噶爾兵眾擁入，十一月初一日蘇爾扎率兵三十人衝圍而出，被其擒獲，拉藏被圍身亡，我等投奔而來等語。今西藏已失，蘇爾扎之妻等投懇垂救，應行文總督額倫特、郎中長受，即給伊馬匹口糧，仍令在波羅衝可舊處，暫為安插，從之。

[20] 康熙五十七年五月初九日

康熙五十七年五月丁巳，總督額倫特奏，四月初五日拏獲策零敦多卜之使人羅卜藏等八人，訊稱伊等於去年正月由特畿斯起程，十月至布達拉地方，本月二十八日夜攻取大招，次日圍住布塔拉，殺害拉藏，將伊幼子及所屬寨

〔註 3〕原文作勒，今改為剿。

桑等送往策妄阿喇布坦處，伊子蘇爾扎遁走，爲土伯特擒獲，拘達賴喇嘛於扎克布里廟，班禪仍住扎什倫布等語，將使人羅卜藏等交主事奈曼代沿途防護，解往京城，報聞。

[21] 康熙五十七年五月初十日

康熙五十七年五月戊午，侍衛阿齊圖奏蘇爾扎之妻與從前屬下人等見在一處，若可以糊口聽其自爲生理，若不能糊口請令青海寨桑等酌量養濟。得旨，據奏蘇爾扎妻既云我係婦人，屬下人等不能養育，且恐他人欺壓，亦未可定，著翰林院侍學士樺色領銀一千兩，前往波羅克，給與蘇爾扎之妻，令其辦理生業，且朕差官照看伊等，必無有敢行欺壓之人矣。

[22] 康熙五十七年五月二十四日

康熙五十七年五月壬申，議政大臣等議覆，都統法喇等奏打箭爐之外地名里塘，向係拉藏所轄，而里塘之外爲巴塘，近聞策零敦多卜暗通密信，與里塘營官喇嘛誘伊歸藏，臣等恐被其搖惑，是以行咨員外郎巴特麻等速往宣佈聖主威德，今已輯服。續據里塘之喇嘛格隆阿旺拉木喀云，準噶爾五百人已至察木多，見今里塘有察罕丹津所遣之寨桑居住，與準噶爾暗自通謀。又據護軍統領溫普密信云，窺探堪布之心，尚在未定，理應準備，臣等酌議飛咨溫普在打箭爐挑選滿兵一百名，令前鋒參領伍林帕等帶領，再選綠旗馬兵一百名鳥槍兵三百名，令化林協副將趙宏基等率領，一同前往里塘彈壓，相機擒剿，又聞自里塘以外直至西藏，敬信胡必爾汗有如神明，今胡必爾汗生長里塘，其父見在西寧之宗喀巴廟，應傳諭其父，令伊遣人傳諭營官喇嘛及居民人等使知駐兵里塘，乃聖主保護胡必爾汗之本鄉，不使賊人驚擾，並無他故，則里塘、巴塘便爲川省邊隘等語。查里塘距打箭爐甚近，察木多距里塘亦不甚遠，應如所奏，即派前鋒參領伍林帕等看守里塘，偵探信息，並曉諭察罕丹津所遣之寨桑，告以準噶爾之殘虐，致干天討，若察木多果有準噶爾之兵前來，令伍林帕等詳加計算，酌量行事，從之。

[23] 康熙五十七年六月十七日

康熙五十七年六月甲午，議政大臣等議覆，侍衛色楞密奏，臣近接總督額倫特書信內云，奉旨差渣布往察罕丹津處令伊遣人將準噶爾之兵誘來，俟所遣之人回信，然後進兵，臣愚以爲準噶爾殘害西藏，彼處人民懸望我師，如望雲霓，豈能刻緩，況聞準噶爾兵衆散處無紀，伊等伎倆不過暮夜襲營偷盜馬匹而已，臣所統兵丁二千有餘，器械堅銳，馬肥餉足，今於五月十三日已至穆魯斯烏蘇地方，值今河水淺涸，策鞭可渡，又探得距此五百里，現有準噶爾之哨兵，正當乘此機會，剿減賊人，收復藏地，若復駐留以俟額倫特兵到，恐需遲時日，口糧告罄，進退兩難臣故不能延待，隨即陸續進兵，觀此所奏甚是，應令色楞沿途小心，相機行事再行文額倫特等，亦作速進兵策應，從之。

[24] 康熙五十七年七月十二日

康熙五十七年七月已未，兵部等衙門議准，四川巡撫年羹堯奏，喇嘛鄂穆布年扎卜向住墨里廟，係阿王滾住克之弟子，原任提督岳昇龍剿撫打箭爐之時阿王滾住克曾獻墨里地方，岳昇龍恐係拉藏所屬，未准，今拉藏已被準噶爾殺害，鄂穆布年扎卜將所屬墨里地方誠心投頓，應收納給印，於建昌邊境地方有益，從之。

[25] 康熙五十七年七月十五日

康熙五十七年七月壬戌，總督額倫特奏，臣先經與侍衛色楞商議，穆魯斯烏蘇，河水方漲，未易過渡，探知多倫鄂羅木地方，有七義河可渡，色楞統兵先去，臣於此間擇水草好處，稍息兵馬，隨後趲行六月十八日臣統兵自穆魯斯烏蘇起程，至圖爾哈圖地方駐紮，見河水雖深中流甚緩，因製造皮船於三日內兵馬齊渡，至七叉河處，根尋色楞，並無兵馬渡河蹤跡，路遇運米回子達爾漢白克告云，運米未到之先遣人尋向色楞，通知其人自七叉河過去，六日杳無消息，近聞色楞自拜圖地方前往等語，但自七叉河至拜圖山嶺，險峻無路可通，若將兵馬調回，改趨拜圖之路，往返須二十餘日，勢難與色楞同路，臣於六月二十四日自七叉河向庫庫塞一路進兵，沿途整肅行伍，遠設哨探，若與賊兵相遇，則奮力剿滅，若前至博克沙克遇見色楞之兵，則會同前進，報聞。

[26] 康熙五十七年閏八月初一日

康熙五十七年閏八月丙午朔，總督額倫特奏，七月十六日臣等自門贊西里克起程，至齊諾郭爾地方安營，十七日四更時分賊兵衝逼營盤，臣即遣遊擊王汝載等，率兵進擊賊眾大敗，賊人又自東自南齊進，臣親統弁兵，與賊對敵，槍炮並發自寅至巳賊敗下山坡臣等追擊十餘里，見賊兵多而官兵少四面山溝，俱有可通之路，恐有埋伏，未曾窮追，所獲被傷一賊訊稱賊酋托布齊、杜喀兒二人，率兵四千，由喀喇烏蘇河西小路而來，臣既移咨公策旺諾爾布，統兵速來接應，臣仍相度機宜，渡過喀喇烏蘇前往狼臘嶺，若與色楞相遇，則會兵前進，倘不相值，再隨機而行得旨，據奏大敗厄魯特賊兵，傷殺甚多等語，額倫特率領兵丁頗少直抵從古未到之絕域，奮勇直前建立膚功，殊非尋常軍功可比，見今賞賚軍前人等家屬外，事定後著從優議敘。

[27] 康熙五十七年閏八月初一日

康熙五十七年閏八月丙午朔，侍衛色楞疏報唐古特人等原係達賴喇嘛所屬之人，自去年被厄魯特賊眾奪其牲畜，擄其婦女，擾害難堪，是以晝夜懸望大兵救援，一聞大軍前至，莫不歡躍投誠為首台吉卓里克圖之，子博音馬松，台吉丹津綽音達克等，率眾來降但臣未知額倫特由何路進兵，因將新滿洲侍衛諾里爾達等派出，令投誠之沙克縶寨桑為嚮導，前往偵探額倫特消息，今已得回文，臣在喀喇烏蘇，候伊來到，合兵一處，前進達穆地方，下所司知之。

[28] 康熙五十七年閏八月初二日

康熙五十七年閏八月丁未，侍衛色楞疏報，七月二十日臣等統兵至喀喇烏蘇安營，二十一日隨據新降台吉博音馬松等報稱，見在厄魯特賊人在伊地方勒索口糧，謀擊我兵，臣即率領滿洲綠旗兵丁分列三隊，前往截殺，賊眾衝抵，我師分道夾擊，連敗之，奪其三處山梁，賊兵竄走，臣隨統兵追殺二十里，斬戮賊兵二（三）百餘人受傷者甚眾，得旨，該部從優議敘。

[29] 康熙五十七年九月二十九日

康熙五十七年九月甲辰，先是總督額倫特同侍衛色楞統兵至喀喇烏蘇，與賊眾遇，屢敗賊眾，相持月餘，至是復率兵進擊，射死賊人甚眾，矢盡，額倫特猶力戰歿於陣，色楞旋亦敗歿。

[30] 康熙五十七年十月十二日

康熙五十七年十月丙辰，命皇十四子固山貝子允禵為撫遠大將軍，統兵駐紮西寧。

[31] 康熙五十七年十月三十日

康熙五十七年十月甲戌，都統和禮等奏，據鶴麗總兵官趙坤稱，閏八月初四日有碟巴達節屬下之彭蹴達幾及伊跟隨之人九名潛至中甸貿易，碟巴達節係投順策妄阿喇布坦委爲藏內副王之人，是以將彭蹟達幾拘住看守，請示作何發落等語，特疏奏聞，得旨，彭蹟達幾著解來京。

[32] 康熙五十七年十二月初六日

康熙五十七年十二月己酉，撫遠大將軍允禵師行。

[33] 康熙五十八年二月二十八日

康熙五十八年二月辛未，議政大臣等議覆，都統法喇等奏里塘地方與打箭爐甚近，若遣官招撫自當歸躓，巴塘民心亦與里塘相似，遣官一員先至里塘宣示威德，彼若傾心向化，即令開造地方戶口清冊，繼至巴塘亦照此行，若有觀望不前者，於青草生時以兵臨之，必不敢相抗，應挑選成都滿兵五百名令協領等帶領，綠旗提標兵一千名，化林、永寧兵五百名令永寧副將等帶領一同深入，雖巴塘以外，亦可傳檄而定，若察木多地方亦來歸顧則離藏甚近，其會兵取藏之處一面知會西寧雲南領兵大臣，仍一面星夜請旨，應如所奏。令法喇領兵赴打箭爐駐紥，遣人招撫，其護軍統領溫普應調取回京，成都既有滿洲兵丁，應自京城派大臣一員前往成都，令其管領。得旨，軍前大臣甚多，著於護軍統領噶爾弼就彼馳驛，作速前赴四川，與年羹堯一同辦理軍務，法喇離打箭爐切近，即令領兵前往，餘依議。

[34] 康熙五十八年二月三十日

康熙五十八年二月癸酉，議政大臣等議覆，都統法喇奏蒙古地方及西藏人民皆藉茶養生，賊人即踞藏地，非茶斷難久居，我皇上憫念青海與里塘、巴塘人衆，非茶難以度日，將作何定數，分晰禁止之處令臣詳議，臣等思唐古特之人亦皆爲賊所迫脅，難禁其養生之物，但松潘一路茶價甚賤，青海一帶積茶必多，應暫行嚴禁，俟其懇請時再酌定數目，令其買運，至打箭爐外最近者爲里塘，遣官招撫，令營官造其所管番寨戶口清冊，酌量定數，許其買運，巴塘以外亦照此例，其打箭爐一路，視番情之向背，分別通禁，應如所奏，從之。

[35] 康熙五十八年四月初三日

康熙五十八年四月乙巳，議政大臣等議覆，撫遠大將軍允禵奏，據都統延信等稱準噶爾與青海之人聯姻已經多年，大將軍若領兵出口外，我兵所出之多寡，青海人等一知則準噶爾之人即得聞之矣，今年暫且停兵不進，則口外駐紥似可不必。又據自喀喇烏蘇回來之參將述明等稱，準噶爾賊衆雖與我兵交戰，亦甚畏懼，其土伯特之人爲賊所迫，雖與我兵對敵，俱將鳥槍舉高放過，當賊人背後則向我等營中放空槍，揆此則可知土伯待之人實心感戴皇恩，今既揚稱三十萬大兵進剿，差使前往，大事可成，謹將伊等報明之處奏聞請旨。查都統延信等既稱大兵不必出口，應令在西寧駐紮，至於作何料理，駐紮以及留兵若干，所留官兵馬匹於何處放牧等事，俱令大將軍酌量而行，從之。

[36] 康熙五十八年六月初六日

康熙五十八年六月丁未，四川總督年羹堯奏，探得西海各部落近因貝勒達顏病故，各有吞併之意，又聞策零敦多卜見令左哨頭目春木盆爾帶六百餘兵過喀喇鳥蘇河，前往青海，又聞發兵八千來藏，已至業爾根克里野地方，臣思自藏至打箭爐，南路險遠，北路平近，里塘見有大兵，南路可以無虞，惟北路宜預爲之防，臣等已調兵防守中渡河口，又酌調提標兵丁於打箭爐附近地方駐紮，防守霍耳一路，報聞。

[37] 康熙五十八年六月十六日

康熙五十八年六月丁巳，議政大臣等議覆，都統法喇等奏，臣等遵旨將綠旗兵令副將岳鍾琪帶領先行，臣親領滿洲兵至打箭爐，據副將岳鍾琪等稱，一到里塘即將達哇拉木渣木巴、第巴色布騰、阿住等傳齊安撫，伊等出言抗拒，不給人口數目，因擒拏達哇拉木渣木巴、第巴色騰布、阿住並跟隨之人，臣等隨訊問伊等領兵前來，竊視我兵形勢情由，俱各承認，理應奏請正法，但伊等所調之蠻人眾多，遲者恐生事端，故將達哇拉木渣木巴等七人俱已正法，隨安慰里塘所屬地方，並宣諭巴爾喀木等處，又令副將岳鍾琪領綠旗兵一千名進取巴塘。查都統法喇前進招撫，巴塘招撫後即駐紮巴塘防守，不可不發兵接應，應行令護軍統領噶爾弼並總督年羹堯將見在打箭爐滿洲綠旗兵內，酌量添發法喇處，見在成都之滿洲綠旗兵內酌量派往打箭爐駐紮，至巴塘離雲南中甸不遠，應行令都統武格偵探準噶爾之信，酌量領兵應援，從之。

[38] 康熙五十八年六月二十一日

康熙五十八年六月壬戌，議政大臣等議覆四川總督年羹堯、護軍統領噶爾弼奏，據副將岳鍾琪等稱，里塘就撫後即遣人至巴塘招撫，及領兵行至巴塘所屬立登三木巴，前往招撫之人帶領喀木布第巴所遣之人來迎，情願歸順，遂准其投誠，並令喀木布第巴開明戶口數目，俟大兵已至巴塘，即來親遞。巴塘既稱已經招撫，應行令都統法喇仍駐紮巴塘看守，從之。

[39] **康熙五十八年九月二十六日**

康熙五十八年九月乙未，上諭議政大臣等，此次差往西邊胡畢圖等前來，回稱策零敦多卜等及土伯特眾喇嘛民人，俱言在西寧見有新胡必爾汗，實係達賴喇嘛之胡必爾汗，天朝聖主將新胡必爾汗安置在達賴喇嘛禪榻上座，廣施法教，實與眾人相望之意允協，且土伯特處時有瘴氣，厄魯特之子孫不能滋生，多生疾病，有何貪戀之處，惟懇天朝聖主將法教速爲廣施，觀此情形似乎易解，今將新胡必爾汗封爲達賴喇嘛，給與冊印，於明年青草發時送往藏地，令登達賴喇嘛之座，送往時著大臣帶滿洲兵一千名蒙古兵一千名土番兵二千名綠旗馬兵一千名，步兵一千名前去，其行糧牲畜接續之處，令大將軍辦理，再由巴爾喀木帶四川滿洲兵一千名綠旗兵一千名，土番兵酌量派往，其行糧牲畜接續之處令年羹堯辦理，青海王貝勒貝子公等亦帶領屬兵或一萬或五六千送往前去，策零敦多卜等若實爲法教，自必俟達賴喇嘛登禪榻然後前去，若不行等候遁走，即爲無恥之賊，此行大將軍帶兵馬在梭羅木週圍水草佳處駐紥，兼令其照管青海家屬，四川兵二千名出口駐紥，兼照管王察罕丹津行裝，事關重大，將此旨傳諭大將軍處，令伊等公同確議具奏。又青海王台吉等令大將軍傳集一處，曉諭唐古特國內達賴喇嘛班禪法教原係爾祖上設立，今策妄阿拉布坦無故將拉藏殺害，令寺廟喇嘛各自散去，將眾鄂里格一路截斷，令達賴喇嘛禪榻空虛，從前爾將此新胡必爾汗稱爲達賴喇嘛之胡必爾汗，若安置在達賴喇嘛禪榻，爲法教廣施之事我等願捨命効力，業經保奏土伯特之喇嘛民人及阿水島地方喇嘛等，也俱稱爲達賴喇嘛之胡必爾汗，皇上將此胡必爾汗特封爲達賴喇嘛，於明年一同送往藏地，令登禪榻，將法教廣施放開眾鄂里格一路，令其販賣茶布，此正宜効力之時，爾等應各帶兵丁與送去之大臣會同一路前去，爾等之意如何，令伊等各陳己意，會盟畫一具奏，俟會盟完時令都統延信，楚宗、公策旺諾爾布、侍讀學士常授等由固關前來京師具奏。

[40] **康熙五十八年十一月初三日**

康熙五十八年十一月辛未，戶部議覆四川總督年羹堯奏，里塘巴塘地居荒服，大兵一抵其地，堪木布第巴率眾來歸請自康熙五十九年爲始，願輸納錢糧，其錢糧即在軍前支用，免入川省額賦，俟西藏平定，另行請旨定奪，從之。

[41] 康熙五十八年十二月十八日

康熙五十八年十二月丙辰，議政大臣軍前召至大臣九卿等公同議奏進藏一事，得旨此議尚未周詳，止議西地進兵，並未議及阿勒泰、巴爾庫爾兩路之兵，兩路兵會合取吐魯番，若烏魯木齊難以堵塞看守，應將兩路之兵會合襲擊，或各減騎進入，從呼爾達拉之處襲擊，則彼必畏懼，自然棄此牧放牲畜之處而去，再聞知西地大兵進剿，並兩路兵襲擊，不但驚惶無措，亦且首尾不能相顧矣，額駙阿寶所屬厄魯特兵五百名察哈爾兵四百名今帶往取藏，此柴旦木所有之兵亦令帶往取藏，大將軍留駐穆魯烏蘇三千兵內令派兵一千前進，大將軍處之兵若少將京師每佐領下派出護軍二名馬兵一名於二月內起程前往西寧，今新胡必爾汗奏稱，各處俱有禪牀，皆可安設，若為我興兵，實關係眾生，此或是新胡必爾汗之意，或是青海台吉等畏懼策妄阿喇布坦密屬新胡必爾汗奏，亦難預知，倘新胡必爾汗與青海台吉等意同此，新胡必爾汗不可送往，青海台吉等若無此意，必將新胡必爾汗送往，安設禪牀，廣施法教，令土伯特之眾誠心歸向，則策零敦多卜自畏勢逃遁，我師進藏定立法教之後或留兵一二千暫行看守或久住，則土伯特之眾即如我兵，縱策妄阿喇布坦、策零敦多卜發兵前來，伊係勞苦之兵，我則安逸之兵，即可剿滅，朕意如此，事關重大，不可急迫，從容周詳，定議為是，今若照眾大臣議惟行看守，自西寧至四川雲南內外土番雜居一處，西藏之人皆係土番，伊等俱是一類，倘藏地被策零敦多卜佔據，則藏兵即是彼之兵丁，而邊藏土番豈能保全，爾等暫行看守之議不合，著另行周詳定議具奏。

[42] 康熙五十八年十二月二十三日

康熙五十八年十二月辛酉，議政大臣軍前召至大臣九卿等遵旨議覆，送往新胡必爾汗兵八千為勢稍弱，應再添兵四千，令額駙阿寶親身帶厄魯特兵五百名，副都統常齡帶察哈爾兵四百名同往，其柴旦木駐防之都統阿爾納處二千名內派千五百名，令侍衛阿齊圖等帶領前往，大將軍留駐穆魯斯烏蘇三千兵內撥派一千六百名，此進藏之兵共一萬二千名，派大臣一員授為將軍給與印敕，令其統理。新胡必爾汗封為達賴喇嘛，應給印敕名號等項，令各該處議奏。都統延信、楚宗、公策旺諾爾布、侍讀學士常授等回時令與大將軍商酌青海台吉等，若實心送去即將新胡必爾汗與兵馬一同前往，若俟事定之日送去，令暫住滾穆布木廟內，選遣大兵將藏地攻取，令阿寶所領之五百兵並察哈爾四百兵，滿漢二千兵，青海二千兵俱駐紮看守，再令都銃法喇等酌量帶兵由巴爾喀木一路前進，噶爾弼年羹堯亦派兵二千名發往法喇軍，前都統武格帶往兵內挑選滿兵一千綠旗兵二千，滿兵令都統武格、副都統吳納哈統領，綠旗兵令總兵官趙坤、馬會伯統領前往，與法喇之兵會合，應於何日起程何地會合之處，令大將軍咨行商酌，約會一同前進，再將阿爾泰二萬兵內挑選一萬五千，令裏帶三月口糧於六月下旬自布喇罕、布魯爾兩路前進，若策妄阿喇布坦不行防備即深入襲擊，若知覺防備將兵速行帶回。巴爾庫爾一萬三千兵內挑選一萬，令三千兵輕騎襲擊吐魯番，二千兵輕騎襲擊烏魯木齊，所餘五千兵令其徐徐前進接濟，襲擊烏魯木齊之後，此襲擊之兵俱令裏帶兩月口糧，於七月初旬與阿勒泰之兵約定前進，其襲擊之兵及駐紮之兵令何人銃領，進藏之兵於軍前大臣內於何人爲將軍，及西寧等處提督總兵官內將何人派往之處，伏候諭旨。得旨，此議甚詳，事務關係重大，著行令大將軍等與青海台吉等公同定議具奏。

[43] 康熙五十九年正月初五日

康熙五十九年正月壬申，諭議政〔註4〕大臣等，朕之滿洲兵，俱極精練，全在領兵者將國家之事專心辦理，不圖安逸，賞罰嚴明，則斷無錯誤，進兵西藏時色楞不候衆人獨自前往，額倫特亦隨後追至，爲國家奮不顧身，雖至失機，豈可論伊等進兵太速乎，今策妄諾爾布係差往策應之兵，而遲延不前，雖伊所統兵丁善全而歸，伊屬下之兵固然感念，於國事有何裨益，惟兩路陣亡兵丁朕甚爲憐憫，當分別加恩，又諭茲衆喀爾喀及青海等俱朕之風化，而策妄阿喇布坦之人霸佔藏地，毀其寺廟，散其番僧，青海台吉理應棄命忘身，奮勇致討，乃伊等口稱維持黃教，素無實心効力之人，策零教多卜領兵在藏，以我兵隔遠不能往救，朕思伊等兵步行一年尚能到藏，我兵顧不能至乎，今滿漢大臣咸謂不必進兵，朕意此時不進兵安藏，賊寇無所忌憚，或煽惑沿邊番部，將作何處置耶，故特諭爾等安藏大兵決宜前進。

[44] 康熙五十九年正月三十日

康熙五十九年正月丁酉，命撫遠大將軍允禵率前鋒統領弘曙移駐穆魯斯烏蘇，管理進藏軍務糧餉，授都統宗室延信爲平逆將軍率兵進藏，以公策旺諾爾布、副都統阿琳寶、額駙阿寶、隨印侍讀學士常授、提都馬見伯、總兵官李麟參贊軍務。

〔註4〕此處補政字。

[45] 康熙五十九年二月十六日

　　康熙五十九年二月癸丑，諭大學士等總督年羹堯自軍興以來盡心効力，訓練川兵，甚是整齊，可速行文與年羹堯令伊帶領兵丁進藏，授爲將軍，如有能署理總督事務於地方不至生事者，令年羹堯奏聞署理，如地方緊要不得署理之人，著護軍統領噶爾弼爲將軍帶領四川雲南兩處兵馬前進，定西將軍印速行送往，尋年羹堯覆奏四川總督印務一時無可署理之人，定西將軍之印請交與噶爾弼管理，授爲將軍率領兵丁進藏，並調都統法喇於打箭爐地方駐紮防守，從之。

[46] 康熙五十九年二月初八日

　　康熙五十九年二月乙巳，先是撫遠大將軍允禵覆奏，臣遵旨傳集青海王台吉等會議進兵安藏及送新胡必爾汗往藏之事，其青海王台吉等皆同心協力，情願派兵隨征，並請封新胡必爾汗掌持黃教，至是命封新胡必爾汗爲宏法覺衆第六世達賴喇嘛，派滿漢官兵及青海之兵送往西藏，其四十九旗扎薩克，並喀爾喀哲卜尊丹巴胡圖克圖等亦令遣使會送。

[47] 康熙五十九年二月二十七日

　　康熙五十九年二月甲子，議政大臣等議覆，雲南貴州總督蔣陳錫奏中甸地方原係雲南麗江土知府所屬，吳逆背叛時割賂西藏，今巴塘里塘雖經四川招撫，而中甸一帶距蜀甚遠，附滇最近，尚有錢糧在麗江完納，非四川舊屬也，茲據麗江土知府木興詳報，中甸等處番目及喇嘛營官到麗江投誠，願仍歸雲南管轄，應如所遣，將附近中甸地方及巴塘里塘仍歸麗江土知府管轄，從之。

[48] 康熙五十九年三月二十二日

　　康熙五十九年三月己丑，命雲南巡撫張谷貞駐防麗江中甸。

[49] 康熙五十九年四月初六日

　　康熙五十九年四月壬寅，議政大臣等議覆四川總督年羹堯奏，巴塘里塘近經雲貴督臣奏，請歸麗江土知府管轄，臣查巴塘里塘向爲西藏侵佔，臣宣示聖主恩威，招撫投順，雖歸蜀歸滇莫非王土，但四川見在用兵，一切運糧調遣之事道經巴塘里塘，關係緊要，撥歸土司則呼之不應，移咨滇省則往返遲延，請仍歸四川管轄，有濟軍務。又准都統武格咨稱，雲南進藏兵丁須接運三月口糧，雲南山高路狹艱於運送，請以四川所運之米支給。查滇蜀兩省俱各進兵，而蜀省進兵七千，滇省進兵三千，多寡懸殊，恐蜀省所運之米不足供滇省之用，應如年羹堯所奏，行文雲南督撫將雲南進藏兵糧速行趲運，如武格等所領之兵與噶爾弼兵會後，或雲南運米未到，仍暫撥四川餘糧支給，即於雲南所運之米照數補還，其巴塘里塘應暫歸四川統轄，俟事平日再照原議改隸雲南，從之。

[50] 康熙五十九年七月初十日

康熙五十九年七月乙亥，命漕運總督施世綸暫駐陝西，協同鄂海辦理糧餉事務。

[51] 康熙五十九年九月十三日

康熙五十九年九月丁丑，雲南貴州總督蔣陳錫、雲南巡撫甘國璧，以都統武格、將軍噶爾弼從察木多起行，撥用四川雲南二省糧餉，具摺陳奏。得旨蔣陳錫甘國璧皆係地方大臣，雲南進藏之兵各項糧餉，應預先料理如期運送，今蔣陳錫甘國璧於糧餉之事並不留心料理，幾至遲誤，及大兵進藏之後伊等方以運送米糧之事繕摺奏聞，四川之米若不到，雲南之兵從何就食，蔣陳錫甘國璧顯然有誤軍機，俱著革職，令自備口糧運米進藏，如遲誤不能抵藏，即行正法。

[52] 康熙五十九年十月十七日

康熙五十九年十月庚戌，定西將軍噶爾弼奏，臣等領兵至拉里，探知吹穆品爾寨桑帶領賊兵二千六百人，由章米爾嘎一路來拒，臣等議乘其不備，先取墨竹工卡，於八月初四日率滿漢官兵自拉里前進，隨有朱貢之胡圖克圖獻地來降，次日進取墨竹工卡，賞賚第巴頭目，安輯民人，臣遣千總趙儒等往諭第巴達克雜來降，又喇嘛鍾科爾頭目亦陸續來降，臣等隨令第巴達克雜聚集皮船，於八月二十二日渡河，復令侍衛納泰等率領官兵分為三隊，二十三日五鼓時起程進取西藏，傳西藏之大小第巴頭目並各寺喇嘛聚集一處，宣示聖主拯救西藏民人至意，隨將達賴喇嘛倉庫盡行封閉，西藏附近重地紮立營寨，撥兵固守，截準噶爾之往來行人及運糧要路，隨據三廟之堪布將各廟所有之準噶爾喇嘛共一百一人擒獻，內有為首喇嘛五人據第巴達克雜及三廟堪布等首告，彼皆策零敦多卜授為總督之喇嘛，於是將此五名喇嘛即行斬首，其餘九十六名之準噶爾喇嘛盡行監禁。得旨噶爾弼等遵朕指授，率領官兵歷從古用兵未到之絕域，各加奮勵，克取藏地，將準噶爾人等信用之逆惡番僧五人正法，撫綏唐古特土伯特人民，甚屬可嘉，在事將軍以下兵丁以上俱著從優議敘。

[53] 康熙五十九年十月二十二日

康熙五十九年十月乙卯，撫遠大將軍允禵奏，平逆將軍延信等率領大兵於八月十五日駐紮卜克河，是夜策零敦多卜等率眾來犯擊敗之，奪其馬匹器械，十九日自卜克河起程，二十日駐紮齊嫩郭爾，三更時有賊兵二千餘人來襲我師，我師嚴整備禦，賊眾久持不能抵敵遂奔北，二十一日自齊嫩郭爾起程，二十二日駐紮綽馬喇，是夜五更又有賊兵千餘劫營，因營中四面哨兵槍炮矢石齊發，賊兵被傷身死者甚多，餘賊望風而遁，延信等隨領兵於九月初八日自達穆起程，送新封達賴喇嘛進藏，其從前達賴喇嘛博克達不便留住藏地，應發回京師。得旨前遣大兵進藏，議政大臣及九卿等俱稱藏地遙遠，路途險惡且有瘴氣，不能遽至，宜固守邊疆，朕以準噶爾人等見今佔取藏地，騷擾土伯特唐古特人民，再吐魯番之人皆近雲南四川邊境居住，若將吐魯番侵取，又鼓動土伯特唐古待人眾侵犯青海，彼時既難於應援，亦且不能取藏，朕決意獨斷，著靖逆將軍富寧安、振武將軍傅爾丹、征西挌軍祁里德管領兩路官兵前往策妄阿喇布坦邊境，驚擾襲擊，又遣定西將軍噶爾弼領雲南四川滿漢官兵由拉里前進，平逆將軍延信領西路官兵由青海前進，又遣大將軍統領大兵駐紮穆魯斯烏蘇調遣官兵，辦理糧餉，伊等俱各加奮勵，兩路襲擊之兵至策妄阿喇布坦邊境，屢次大勝，剿殺賊兵，擒獲人畜，招撫數千準噶爾人眾，茲覽大將軍奏，延信等三次將策零敦多卜殺敗，賊兵逃竄，殊屬可嘉，在事將軍以下兵丁以上，俱著從優議敘。

[54] 康熙五十九年十月二十八日

康熙五十九年十月辛酉，議政大臣等議覆，撫遠大將軍允禵奏，八月二十三日官兵進藏後探知策零敦多卜等賊兵已自克里野一路遁去，請將駐守噶斯、德〔註5〕布特爾之兵及駐防青海土兵均行撤回，應如所請，但策零敎多卜等性甚奸狡，雖已逃遁或乘隙侵擾青海亦未可定，應令大將軍仍派兵二千駐紮於青海相近形勝之地，偵探防守，從之。

[55] 康熙五十九年十一月十三日

康熙五十九年十一月丙子，議政大臣議覆四川總督年羹堯奏，里塘巴塘

〔註 5〕此處補德字。

爲蜀省出兵運道，奉旨聽蜀省管轄，乃雲南麗江土知府木興於巴塘所屬之喇皮等處節次遣人嚇令歸滇，以致番人恐惧，見在四川續運之米糧雇募人夫不敢前進，八月二十日木興帶領蠻兵前至喇皮，因番目巴桑以已歸四川爲詞即被殺死，又示威番鸞，勒令歸己，以致番蠻欲圖報復，各思構兵，巴塘之運路遂阻，木興狂悖生釁，殺良阻運，請革職拏禁雲南省城，俟西藏既平嚴審究擬，查平藏大兵尚未入口，應將年羹堯所奏木興生釁阻運之處存案，俟藏兵旋日差京城大臣一員前往審理，從之。

[56] 康熙五十九年十一月十八日

康熙五十九年十一月辛巳，上諭大學士九卿等。

朕於地理從幼留心，凡古今山川名號，無論邊徼遐荒，必詳考圖籍，廣詢方言，務得其正。故遣使臣至崑崙、西番諸處，凡大江、黃河、黑水、金沙、瀾滄諸水發源之地，皆目擊詳求，載入輿圖。今大兵得藏，邊外諸番悉心歸化，三藏、阿里之地俱入版圖，其山川名號，番漢異同，當於此時考證明核，庶可傳信於後。大概中國諸大水皆發於東南諾莫渾烏巴西大幹內外，其源委可得而縷析也。

黃河之源出西寧外枯爾坤山之東，衆泉渙散，不可勝數，望之燦如列星，蒙古謂之敖敦他拉，西番謂之梭羅木，中華謂之星宿海。是爲河源，匯爲薩陵、鄂陵二澤，東南行，折北復東行，由歸德堡、積石關入蘭州。

岷江之源出於黃河之西巴顏喀拉嶺七七喇哈納，番名岷尼雅克撮，《漢書》所謂岷山在西徼外，江水所出是也。而《禹貢》岷山導江之處，在今四川黃勝關外之乃褚山，古人謂江源與河源相近，《禹貢》岷山導江乃引其流，非源也，斯言實可有據。其水自黃勝關流至灌縣，分數十支，至新津縣復合而爲一，東南流至敘州府，與金沙江合流。

金沙江之源自達賴喇嘛東北烏尼伊烏蘇峯流出，烏尼尹烏蘇峯中華謂之乳牛山也，其水名穆魯斯烏蘇，東南流入喀木地，又經中甸入雲南塔城關，名金沙江，至麗江府又名麗江，至永北府會打衝河，東流，經武定府入四川界，至敘州府流入岷江，經夔州府入湖廣界，由荊州府至武昌府與漢江合。

漢江源出陝西寧羌州北嶓冢山，名漾水，東流至南鄭縣爲漢水，入湖廣界，東南流至漢陽縣漢口合岷江。

此諸水在東南諾莫渾烏巴西大幹之內，源發於西番，委入於中國也。

瀾滄江有二源，一源於喀木之格爾幾雜噶爾山，名雜褚河。一源於濟魯肯他拉，名敖母綽河，二水會於察木多廟之南，名拉克褚河，流入雲南境為瀾滄江，流至車里宣撫司，名九龍江，流入緬國。

瀾滄之西為喀喇烏蘇，即《禹貢》之黑水，今雲南所謂潞江也。其水自達賴喇嘛東北哈拉腦兒流出，東南流入喀木界，又東南流入怒夷界，為怒江，入雲南大塘隘，更名潞江，南流經永昌府潞江安撫司境入緬國。

潞江之西為龍川江，龍川江之源從喀木所屬春多嶺流出，南流入雲南大塘隘，西流為龍川江，至漢龍關入緬國。

此諸水在東南諸莫渾烏巴西大幹之外，皆流入南海也。

又雲南邊境有檳榔江者，其源發自阿里之岡底斯東達木朱喀巴卜山，譯言馬口也，有泉流出為雅魯藏布江，從南折東流，經藏地，過日噶公喀爾城〔註6〕旁，合噶爾諾母倫江，又南流經公布部落地，入雲南古勇州，為檳榔江，出鐵壁關入緬國。

而岡底斯之南，有山名郎千喀巴〔註7〕卜，譯言象口也。有泉流出，入馬皮木達賴，又流入郎噶腦兒，兩河之水西流至桑南地。

岡底斯之北，有山名僧格喀巴卜，譯言獅子口也。有泉流出，西行亦至桑南地，二水合而南行，又折東行，至那克拉蘇母多地，與岡底斯西馬卜家喀巴卜山所出之水會。

馬卜家喀巴卜者，譯言孔雀口也，其水南行至那克拉蘇母多地，會東行之水，東南流至厄納忒可克國，為岡噶母倫江，即佛法所謂恒河也。《佛國記》載，魏法顯順恒河入南海，至山東之渤海入口，應即此水矣。

梵書言四大水出於阿耨達山下，有阿耨達池，以今考之，意即岡底斯，是唐古特稱岡底斯者，尤云眾山水之根，與釋典之言相合。岡底斯之前有二湖連接，土人相傳為西王母瑤池，意即阿耨達池。

又梵書言普陀山有三，一在厄納忒可克之正南海中，山上有石天宮，觀自在菩薩遊舍，是云真普陀。一在浙江之定海縣海中，為善財第二十八參觀音菩薩說法處。一在土伯特，今番名布搭拉山也，亦為觀音見身之地。

釋氏之書本自西域，故於彼地山川亦可引以為據也。《禹貢》導黑水至於三危，舊註以三危為山名，而不能知其所在。朕今始考其實，三危者猶中國

〔註6〕原文作域，今改為城。
〔註7〕原文作市，今改為巴。

之三省也，打箭爐西南達賴喇嘛所屬爲危地，拉里城東南爲喀木地。班禪額爾德尼所屬爲藏地，合三地爲三危耳。哈拉烏蘇由其地入海，故曰導黑水至於三危，入於南海也。至於諸番名號，雖與史傳不同，而亦有可據者。今之土伯特即唐之突厥，唐太宗時以公主下降，公主供佛像於於廟，今番人名招，招者譯言如來也。其地猶有唐時中國載去佛像，明成化中，烏斯藏大寶法王來朝，辭歸時以半駕鹵薄送之，遣內監護行，內監至四川邊境即不能前進而返，留其儀仗於佛廟，至今往來之人多有見之，此載於《明實錄》者，爾等將山川地名詳細考明具奏。

[57] 康熙六十年正月二十一日

康熙六十年正月癸未，撫遠大將軍允禵奏，據平逆將軍延信呈報，大兵送達賴喇嘛至藏地安置，其所經過雷東、噴多等處，居住喇嘛人等感激聖主再造宏恩，罔不踴躍歡欣，男女老幼繦負來迎，見我大兵群擁環繞，鼓奏各種樂器，合掌跪云自準噶爾賊兵佔據土伯特地方以來，父子分散，夫妻離別，擄掠諸物，以致凍餒，種種擾害難以盡述，以爲此生不能再見天日，今聖主遣師擊敗賊兵，拯救土伯特人衆，我等得脫患難，仍前永享昇平樂業之福，似此再造宏恩，何以報答，紛紛叩陳，出於至誠，報聞。

[58] 康熙六十年二月二十六日

康熙六十年二月丁巳，撫遠大將軍允禵奏，西藏雖已平定駐防尤屬緊要，見留駐彼處者扎薩克蒙古兵五百名、額駙阿寶兵五百名察哈爾兵五百名雲南兵三百名四川兵一千二百名，以公策旺諾爾布總統管轄，至工布地方之第巴阿爾布巴首先効順，同大軍前進取藏，阿里地方之第巴康濟鼐與準噶爾爲讐，截奪準噶爾之人，又截奪準噶爾兵回路，第巴隆布奈親來〔註8〕歸附，應否授以職銜，伏候諭旨。得旨第巴阿爾布巴、第巴康濟鼐著俱授爲貝子，第巴隆布奈著授爲輔國公。

[59] 康熙六十年三月二十八日

康熙六十年三月己丑，命平逆將軍延信、都統武格、副都統吳納哈帥師駐西藏。

〔註 8〕原文作果，今改爲來。

[60] 康熙六十年四月三十日

康熙六十年四月庚申，議政大臣等議覆，據平逆將罕宗室延信奏，臣遵旨辦完事務，回至中途患病沉重，不能再往藏內駐防，應將延信調回京師，令署四川總督噶爾弼於年羹堯回任日仍帶定西將軍印敕，統兵赴藏，駐紮防守，仍令都統武格參贊，從之。

[61] 康熙六十年六月初六日

康熙六十年六月丙申諭宗人府，平逆將軍延信朕親伯之孫，朕之姪也，此番統領滿洲蒙古綠旗兵丁過自古未到之煙瘴惡水，無人居住之絕域，殲滅醜類，平定藏地，允稱不辱宗支，克展勇略，深屬可嘉，著封爲輔國公。

[62] 康熙六十年九月初六日

康熙六十年九月甲午，四川陝西總督年羹堯奏，定西將軍噶爾弼領兵赴藏，行至瀘定橋患病不能前進。得旨噶爾弼患病調養，尚需時日，其將軍印著賚付公策旺諾爾布署理，額駙阿寶、都統武格，俱著參贊軍務。

[63] 康熙六十年九月二十九日

康熙六十年九月丁巳，蒙古王貝勒貝子公台吉及土伯特酋長等奏，西藏平定，請於招地建立豐碑，以紀盛烈，昭垂萬世，上允所請，御製碑文曰。

昔者太宗文皇帝之崇德七年班禪額爾德尼、達賴喇嘛、顧實汗謂東土有聖人出，特遣使自人跡不至之區，經讐敵之國，閱數年始達盛京，至今八十載，同行善事，俱爲施主，頗極安寧。後達賴喇嘛之歿，第巴隱匿不奏者十有六年，任意妄行，拉藏滅之，復興其法，因而允從拉藏、青海羣衆公同之請，中間策妄阿喇布坦妄生事端，動準噶爾之衆，肆行奸詐，滅壞達賴喇嘛，並廢第五輩達賴之塔，辱嚇班禪，毀壞寺廟，殺戮喇嘛，名爲興法而實滅之，且欲竊據圖伯特國，朕以其所爲非法，爰命皇子爲大將軍，又遣朕子孫等，調發滿洲蒙古綠旗兵各數萬，歷烟瘴之地，士馬安然而至，賊衆三次乘夜盜營，我兵奮力擊殺，賊皆喪胆遠遁，一矢不發，平定西藏，振興法教，賜今呼必爾汗冊印，封爲第六輩達賴喇嘛，安置禪榻，撫綏土伯特僧俗人衆，各復生業，於是文武臣工咸謂王師西討，歷瘴癘險遠之區，曾未半載，輒建殊勳，實從古所未有，而諸蒙古部落及土伯特酋長亦合詞奏曰，皇帝勇畧神武，超越往代，天兵所臨，邪魔掃蕩，復興蒙古向所尊奉法教，坎康藏衛等部人衆咸得拔離湯火，樂土安居，如此盛德大業，非臣下頌揚所能宣罄，請賜御製碑文，鐫勒招地，以垂永久。朕何功也焉，而群衆勤請不已，爰紀斯文，立石西藏，俾中外知達賴喇嘛等三朝恭順之誠，諸部落累世崇奉法教之意，朕之此舉所以除逆撫順，綏衆興教云爾。

引用及參考書目

1. 《大清一統志》（嘉慶）穆彰阿等纂，上海古籍出版社，二〇〇八年一月。
2. 《撫遠大將軍允禵奏稿》吳豐培編纂，全國圖書館文獻縮微複製中心，一九九一年四月。
3. 《康熙朝滿文硃批奏摺全譯》中國第一歷史檔案館編，中國社會科學出版社，一九九六年七月。
4. 《康熙朝漢文硃批奏摺彙編》中國第一歷史檔案館編，江蘇古籍出版社，一九八九年三月。
5. 《雍正朝滿文硃批奏摺彙編》中國第一歷史檔案館譯編，黃山書社，一九九八年七月。
6. 《康熙起居注》中國第一歷史檔案館整理，中華書局，一九八四年八月。
7. 《年羹堯滿漢奏摺譯編》季永海，李盤勝，謝志寧翻譯點校，天津古籍出版社，一九九五年八月。
8. 《清代藏事輯要》張其勤原稿，吳豐培增輯，西藏人民出版社，一九八三年十月。
9. 《清宮珍藏歷世達賴喇嘛檔案薈萃》索文清，郭美蘭主編，宗教文化出版社，二〇〇二年八月。
10. 《清宮珍藏歷世班禪額爾德尼檔案薈萃》索文清，郭美蘭主編，宗教文化出版社，二〇〇四年六月。
11. 《元以來西藏地方與中央政府關係檔案史料彙編》中國藏學研究中心、中國第一歷史檔案館等單位合編，中國藏學出版社，一九九四年十月。
12. 《欽定八旗通志》吉林文史出版社，二〇〇二年十二月。
13. 《欽定西域同文志》清高宗敕撰，吉林出版集團有限責任公司，二〇〇五年五月。

14. 《平定準噶爾方略》清高宗敕撰，全國圖書館文獻縮微複製中心，一九九○年七月。

15. 《欽定外藩蒙古回部王公表傳》清高宗敕撰，景印文淵閣四庫全書第四五四冊，臺灣商務印書館，二○一三年九月。

16. 《清代職官年表》錢實甫編，中華書局，一九八○年七月。

17. 《衛藏通志》文海出版社，中華民國五十四年十二月。

18. 《西藏圖考》黃沛翹輯，臺聯國風出版社，中華民國五十六年十二月。

19. 《直貢法嗣》直貢·丹增白瑪堅參著，克珠群佩譯，西藏人民出版社，一九九五年九月。

20. 《蒙古世系》高文德、蔡志純編著，中國社會科學出版社，一九七九年十月。

21. 《陝西通志》劉於義等監修，沈青崖等編纂，景印文淵閣四庫全書第五五一至五五六冊，臺灣商務印書館，二○一三年九月。

22. 《甘肅通志》許容等監修，李迪等編纂，景印文淵閣四庫全書第五五七至五五八冊，臺灣商務印書館，二○一三年九月。

23. 《雲南通志》鄂爾泰等監修，靖道謨等編纂，景印文淵閣四庫全書第五六九至五七○冊，臺灣商務印書館，二○一三年九月。

24. 《山西通志》覺羅石麟等監修，儲大文等編纂，景印文淵閣四庫全書第五四二一至五五○冊，臺灣商務印書館，二○一三年九月。

25. 《蒙古回部王公表傳》（第一輯）包文漢，奇朝克圖 整理，內蒙古大學出版社，一九九八年八月。

26. 《如意寶樹史》松巴堪布益西班覺撰，蒲文成、才讓譯，甘肅民族出版社，一九九四年七月。

27. 《安多政教史》智觀巴貢卻乎丹巴繞吉著，吳均，毛繼祖、馬世林譯，甘肅民族出版社，一九八九年四月。

28. 《番僧源流考 西藏宗教源流考》合刊，西藏人民出版社，一九八二年。

29. 《東噶藏學大辭典 歷史人物類》（內部資料），東噶洛桑赤列著，蒲文成、唐景福、才讓等譯，中國藏學研究中心歷史所，二○○五年。

30. 《西藏佛教寺廟》楊輝麟編著，四川人民出版社，二○○三年三月。

31. 《五色四藩》烏云畢力格著，上海古籍出版社，二○一六年十二月。